ためしながら学ぶ

C言語

土肥紳一／大山 実／紫合 治 著

C programming language

TDU 東京電機大学出版局

はじめに

C言語に関する書籍は，たくさん出版されています。このような状況の中，本書は，ほかの書籍と異なる構成で執筆しました。その特色は，以下のとおりです。

- スモールステップを多用し，ためしながら学べるようにしました。
- 文法解説は可能な限り省略しました。
- 身近な話題を取り上げました。
- インターネット等で調べればわかる，細かなC言語の文法は割愛しました。
- ハードウェアとの係わりを追求しました。

本書の使い方は，取り上げたプログラムを順に入力し，実行結果が一致することをためすことです。予習でつまずいたところは，授業でその原因を探ってください。同じ過ちを再び繰り返さないように努力を積み重ねれば，必ず上達します。

プログラミングの修得過程は，自転車に乗れるようになることと似ています。最初は，補助輪を取り付けて練習したと思います。やがて，補助輪を外し，何度も転びながら乗れるようになります。プログラミングも同じです。たくさんプログラムを入力し，誤り（エラー）をたくさん出し，自分で誤りを直せるようになります。いろいろなプログラムをためすことによって，自分でプログラムを作れるようになります。思ったとおりにプログラムが実行できたときは，最高の喜びを感じるはずです。興味を持って，取り組んでください。

いよいよ2020年から，小学校でプログラミング教育がはじまります。教科としては開講されませんが，いろいろな科目の中で，プログラミングが組み込まれるそうです。この動きと並行して，政府はビッグデータやAIに対応できる人材育成に入ります。文系理系を問わず，毎年50万人の学生を教育し，そのうち，理系および看護系の25万人は，さらに高度な教育を受けることが示されました。世の中が，大きく変わろうとしています。プログラミング能力をしっかり身に付けてください。

本書の出版にあたり，学生諸君からは，著者では気が付かない誤植の指摘等をいただくことができました。東京電機大学出版局の田丸健一郎局長，吉田拓歩氏，早乙女郁絵氏には，次世代の出版を目指した先進的なアイディア等で多大なるご支援をいただき，「電子教科書」としても出版できたことを誇りに思います。この場をお借りして，謝意を表します。

2020 年 8 月

土肥　紳一，大山　実，紫合　治

はじめに

本書の構成

　1章は，動作環境の準備です。サクラエディタでプログラムを入力し，コマンド プロンプトで gcc を利用します。Hello World の文字列の表示に加え，英小文字の a がコンピュータ内部でいくつなのかをためします。

　2章は，日常生活にある"値"を取り上げました。今，浴びている太陽光は，いつ光ったのかを求めることから始めます。話題になっている「はやぶさ 2」も取り上げました。そのほか，気温と湿度から，不快指数を求めることをためします。

　3章は，不思議な数を取り上げました。数列の基礎的な内容から始め，フィボナッチ数列へと発展します。最後に，不思議な性質がある数をためします。

　4章は，モデル化とシミュレーションです。鶴亀算を取り上げ，複数の解き方をためします。さらにシミュレーションによって，売上が最大になる問題をためします。

　5章は，デコレーションを取り上げました。文字の飾り付けから始め，絵文字へと発展します。法則を発見しそれをプログラムに記述することをためします。

　6章は，便利なツールの作成です。ここでいうツールは，関数のことです。まとまった処理を関数として定義し，5章の内容を，関数で記述し，プログラムを簡潔に記述できること，プログラムの信頼性を向上できることをためします。

　7章は，暗号を取り上げました。シーザー暗号を取り上げ，その仕組みを理解し，暗号化と復号化をためします。EBCDIC コードのように，文字の順序関係が連続していない場合の対処方法についてもためします。

　8章は，文字の出現頻度を取り上げました。過去に入力したプログラム自体を対象に，a から z の文字がどの程度含まれているのかをためします。

　9章は，人口問題を取り上げました。日本の総人口は 2008 年をピークに減少が始まり，少子高齢化と相まって重大な社会問題となっています。人口推移の CSV 形式のファイルをインターネットから入手し，C言語と表計算ソフトが連携できることをためします。

　10章は，数当てゲームを取り上げました。これまで教わった知識で作れます。関数を定義し，数を絞り込む工夫，使いやすさの工夫をいろ

いろためします。

11章は，暗算クイズをためします。コンピュータに暗算の問題を作らせ，みなさんが暗算で解きます。答えが外れたときのショックは，さぞかし大きいことでしょう。ためしてみましょう。

12章は，組込み型プログラミングの体験です。ハードウェアはみなさんのお小遣い程度で手に入ります。PCや情報端末ではできなかったことが，シングルボードコンピュータを介することで実現でき，プログラミングの世界が格段に広がります。お小遣いの出資以上に，知識や経験が得られるはずです。ぜひ，ためしてみてください。

目 次

第7章　暗号

目次

第10章　数当てゲーム 170

第11章　暗算クイズ 187

サポートページのご案内

本書で使用したソースプログラム，練習問題解答，
各章の補足がご利用いただけます。
https://web.tdupress.jp/tameshi/

この章ではC言語の学習に必要な環境の準備を行い，準備が完了していることを確認します。Windowsのコンピュータを所有している人は，gccとサクラエディタをインストールしてください。gccは，GCC（GNU Compiler Collection）の中にあるCコンパイラです。インストールの詳細はサポートページ（https://web.tdupress.jp/tameshi/）を参照してください。この中には，macOSで利用する場合の記載もあります。

インストールが終わったら，C言語のソースプログラム（以下，プログラムと呼びます）の入力，コンパイル，実行をためします。具体的にはコマンドプロンプトにHello Worldの文字列を表示するプログラムと，英小文字のaがコンピュータ内部ではどのような数字で扱われているのかを表示するプログラムをためします。プログラムの内容については，2章以降で順に学習していきます。

1.1　プログラムの入力

C言語のプログラムを入力します。入力は，サクラエディタを使います。プログラム prog0101.c は，Hello Worldの文字列を表示するものです。

▶ prog0101.c ◀

```
 1    /* prog0101.c */
 2
 3    #include <stdio.h>
 4
 5    int main(void)
 6    {
 7        printf("Hello World¥n");
 8
 9        return 0;
10    }
```

まず，サクラエディタを起動します。「スタート」「サクラエディタ」「サクラエディタ」の順にクリックし，起動します。図 1.1 と図 1.2 にその様子を示します。

図 1.1　サクラエディタの起動

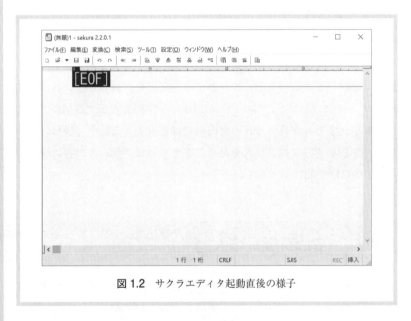

図 1.2　サクラエディタ起動直後の様子

　サクラエディタが起動した直後の状態でもプログラムを入力できます
が，入力した文字がすべて黒色で表示され，C 言語の予約語，数字，文
字列等が色分けされません。このままだと，スペルミス等の発見が遅れ
ます。色分けの機能を利用するために，まだ何も入力していない状態で
すが，「ファイル」「名前を付けて保存」を行います。この様子を図 1.3
に示します。

　保存先は，図 1.8 に示すコマンド プロンプトを開いたときのフォルダ
にします。C ドライブのユーザーフォルダの中に，コンピュータをセッ
トアップしたときに入力したユーザー名のフォルダがあります。本例で
は dohi です。この様子を図 1.4 に示します。

　ファイル名は，プログラムごとに決められた名前にして保存してくだ
さい。最初のプログラムは prog0101.c の名前で保存します。この様子
を図 1.5 に示します。

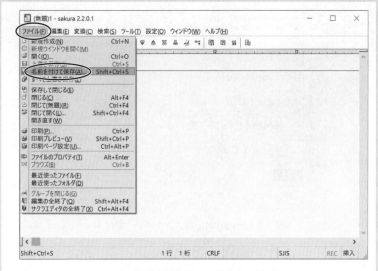

図 1.3 「名前を付けて保存」の様子

図 1.4 フォルダ指定例

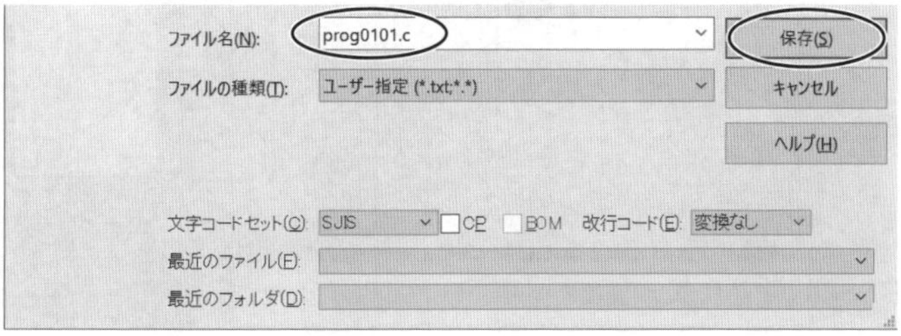

図 1.5 ファイル名の指定例

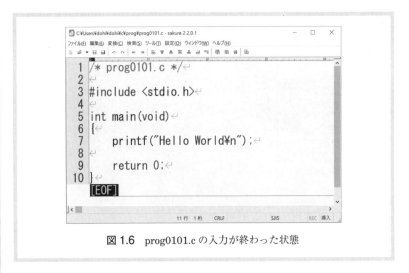

図1.6 prog0101.c の入力が終わった状態

　サクラエディタを用いてプログラムの入力が完了すると，図1.6に示すように色分けされて表示されます。残念ながらこの書籍はモノクロのため，色の違いは再現できません。

　C言語では，/* */，< >，( )，" "，{ }，[ ] などの記号は，ペアで使います。これらの記号は，先にペアで入力し，改行を入れたり，間にカーソルを戻したりしながら，記号の間や行間を埋める入力方法を用いると，閉じ忘れを防止できます。上から順番に1文字ずつ入力すると，閉じ忘れます。特に { } は，5.8節で述べるブロックを構成するために重要な働きがありますので注意してください。

　入力が完了したら，「ファイル」「上書き保存」を行います。

1.2 コンパイル

　プログラムの入力が完了したら，コンパイル（Compile：翻訳）を行

図1.7 コマンド プロンプトの起動

います。コンパイルは，プログラムを機械語に翻訳することです。コンパイルはコマンド プロンプトで行います。「スタート」「Windows システム ツール」「コマンド プロンプト」の順にクリックし，コマンド プロンプトを起動します。この様子を図 1.7 に示します。

　コマンド プロンプトでは以下のルールに従い gcc prog0101.c と入力し，Enter キーを押します。gcc がコンパイルを行うためのコマンド（Command：命令）になります。そのあとに，コンパイルの対象となるファイル名（本例では，prog0101.c）を記述します。gcc とファイル名の間は，半角のスペースを入れます。gcc でコンパイルされた結果は，a.exe のファイル名で保存されます。コンパイルを行った場合の様子を図 1.8 に示します。

　プログラムに誤りがあると，コマンド プロンプト上にエラー（error）が表示されます。この様子を図 1.9 に示します。このエラーの原因は，printf の行末に ; を付け忘れたことです。

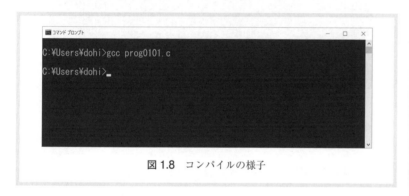

図 1.8　コンパイルの様子

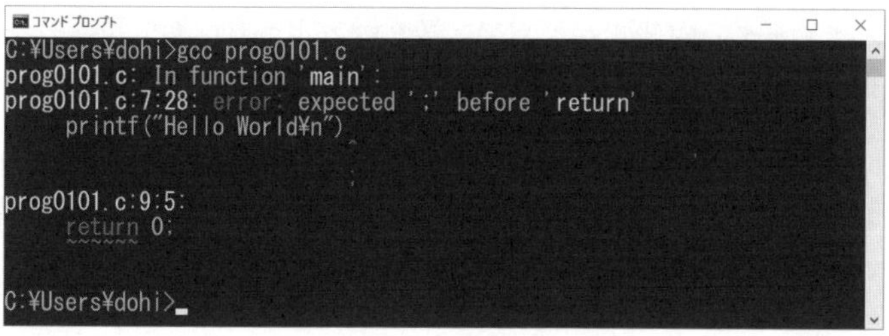

図 1.9　コンパイルエラーの例

　Word などで作成した文書は多少誤りがあっても，読み手である人間に誤りを認識して読んでもらえますが，C 言語ではそうはいきません。プログラムでは，大文字と小文字も区別され，括弧の対応やセミコロンの有無など，厳密にチェックされます。コンピュータは融通が利きませんので，タイプミスに十分注意してください。誤りを発見したらサクラエディタ上で修正し，上書き保存を行い，再び，コンパイルを行います。

上書き保存はよく忘れますので，十分に注意してください。コンパイル時のエラー（以下，コンパイルエラーと表示）が消えるまで，この作業を繰り返します。初学者は，しばらくの間，このコンパイルエラーとの格闘になります。

1.3　実行

コンパイルエラーが消えたら，次は実行です。コマンド プロンプトでaと入力しEnter キーを押します。Hello Worldの文字列が表示されれば，プログラムの完成です。この様子を図1.10に示します。

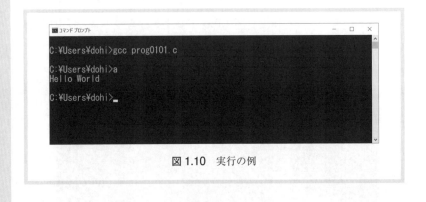

図 1.10　実行の例

1.4　aはいくつ

コンピュータの内部では，文字は数字で表現されており，これを文字コード（8章参照）といいます。英小文字のaは一体いくつなのでしょうか。これをためすプログラムを作成してみましょう。prog0101.cを少し書き換えます。prog0101.cに修正を加えたあとに，prog0102.cの名前で保存します。prog0101.cに修正を加えた部分を太字で示しました。

▶ prog0102.c ◀

```
 1  /* prog0102.c */
 2
 3  #include <stdio.h>
 4
 5  int main(void)
 6  {
 7      printf("%d¥n", 'a');
 8
 9      return 0;
10  }
```

サクラエディタで入力した様子を，図1.11に示します。

図1.11　prog0102.cの入力が終わった状態

　prog0102.cをコンパイルします。コンパイルエラーがないことを確認し，実行します。実行は図1.10と同様に，コマンド プロンプトでaと入力しEnterキーを押します。これらの様子を，図1.12に示します。実行結果は97が表示されました。このことは，英小文字のaがコンピュータ内部では10進数で97になっていることを示しています。

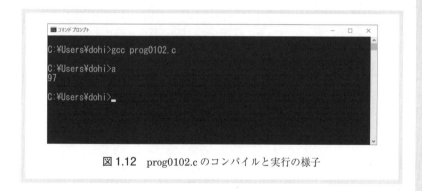

図1.12　prog0102.cのコンパイルと実行の様子

　C言語について詳しくは，2章以降で順に学習していきます。

1. 「Hello World」と表示するプログラム

サクラエディタで次のプログラムを入力する。

```
 1   /* prog0101.c */
 2
 3   #include <stdio.h>
 4
 5   int main(void)
 6   {
 7     printf("Hello World¥n");
 8
 9     return 0;
10   }
```

- 先頭行はコメント（/* から */ まで）
- コメントはプログラムに影響を与えない（人が見るための注意）
- 7行目が「Hello World」と表示する命令
- 1, 7行，空行以外はこのとおりに入力する

2. プログラムの保存

プログラムの保存は，以下のように行う。
- 「ファイル」「名前を付けて保存」を選択
- 保存先のフォルダは，PC → Windows（C:）→ ユーザー → 各自の名前のフォルダ
- ファイル名はコメントと同じ「prog0101.c」（拡張子は c）とし「保存」をクリック
- プログラムの修正後は常に上書き保存（Ctrl + S）を忘れないこと

3. コンパイル

コンパイルはソースプログラムを機械語に翻訳すること。
- コンパイルはコマンド プロンプト（「スタート」「Windows システムツール」「コマンド プロンプト」）で行う
- コンパイルは「gcc ファイル名」で Enter

```
C:¥Users¥dohi>gcc prog0101.c
```

4. コンパイルエラーへの対応

プログラムにエラーがあると，以下のような形式でエラーメッセージが表示される。

```
ファイル名：行番号：列番号  error：メッセージ
```

- エラーメッセージを見て，プログラムの行番号の近くをチェックして，エラーを修正
- ファイルを上書き保存し再度コンパイル
- エラーがなくなるまで繰り返す

5. 実行

エラーがなくなったら，プログラムを実行する。
- プログラムの実行は，コマンド プロンプトで「a」と入力し Enter

```
C:¥Users¥dohi>a
Hello World
```

6. コマンドの再利用

コマンド プロンプトでは，過去に入力したコマンドを再利用できる便利な機能がある。
- 上向き矢印キー（↑）で過去の入力を再表示
- 左向き矢印キー（←）でコマンド内部へ移動 ファイル名等を書き換え Enter を押せば実行（「gcc ファイル名」のキー入力を省略！）
- 下向き矢印キー（↓）で最近の入力を再表示

7. 英小文字 a の値を表示するプログラム

サクラエディタで次のプログラムを入力する。

```
 1   /* prog0102.c */
 2
 3   #include <stdio.h>
 4
 5   int main(void)
 6   {
 7     printf("%d¥n", 'a');  // 表示命令
 8
 9     return 0;
10   }
```

- 1行目のコメントを修正
- 7行目が英小文字 a の値を表示する命令
- 7行目の // 以降，行の終わりまではコメント
- 英小文字 a はコンピュータ内部では 10 進数で 97

8. 全般的な注意

- プログラムは半角文字で入力
- 全角文字はコメントと表示命令（printf）の文字列の中のみ使用可能
- 空白や「{」「}」「(」「)」「,」「;」などの記号で全角を使うとエラー発生
- 全角の空白はプログラム中に使わないこと！
- 文の終わりには「;」（セミコロン）を忘れないこと
- 「,」（カンマ）と「.」（ピリオド）の区別に注意
- プログラムは一字一句間違えないように！

第2章 日常生活にある値（意外な数字）

本章では，日常生活にある値をいろいろ取り上げて，四則演算を中心とした簡単な計算を行うプログラムをためします。

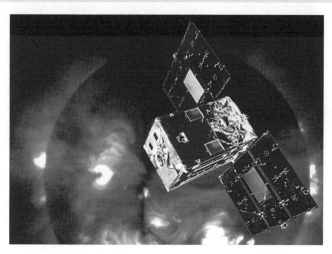

図 2.1 太陽の探索 （©JAXA）
http://spaceinfo.jaxa.jp/ja/contents_solar_observation.html より引用

2.1 太陽の光は，いつ光った？

みなさんは，毎日，太陽の光を浴びていますが，今届いている光は，一体，いつ発光したのか考えたことはありますか？ 図 2.1 は太陽を探索する探査機の様子を示したものです。この問題は，地球と太陽の距離と，光の速度がわかれば解けます。みなさんは，地球と太陽の距離は知っていますか？ 図 2.1 に示した URL を web ブラウザで表示するとわかります。正解は，約 1 億 5 千万 km です。光の速さを知っていますか？ 光は 1 秒間に地球のまわりを 7 周半，まわります。地球の 1 周は，約 4 万 km です。つまり光の速さは 30 万 km/s になります。

太陽の光が，地球に届くまでの時間は，1 億 5 千万 km ÷ 30 万 km/s，すなわち 150000000 ÷ 300000 を計算します。結果は 500 秒になります。500 秒は，8 分 20 秒です。私たちが浴びている太陽の光は，8 分 20 秒前に発光した光になります。この計算を行うプログラムを考えてみましょう。

2.2　「おまじない」の入力

　C言語のプログラムは，まず，「おまじない」を入力することから始まります。prog0201.cの太字で示した部分が，「おまじない」です。改行を含む先頭の1～2行は，「おまじない」ではありません。/* と */ で囲まれている部分は，コメント（Comment：注釈）です。コメントはプログラムには影響を与えませんが，プログラムの内容に関するメモを記載します。本書では，各プログラムを区別するための名前にコメントを利用しています。prog0201.cのprogは，プログラムを意味します。0201は最初の2桁が章の番号を，次の2桁が章内でのプログラムの番号を示しています。今後の章では，この命名規則でプログラムを作成します。「おまじない」は，新規にプログラムを作成するときに，何度も利用します。

▶ prog0201.c ◀

```
1  /* prog0201.c */
2
3  #include <stdio.h>
4
5  int main(void)
6  {
7      return 0;
8  }
```

　サクラエディタで「おまじない」を入力すると，図2.2のようになります。prog0201.cの名前で保存します。

図2.2　「おまじない」を入力した様子

コマンド プロンプトを開き，コンパイル（Compile：翻訳）を行い，「おまじない」に誤りがないことを確認します。

具体的には，コマンド プロンプトで gcc prog0201.c と入力し，Enter キーを押します。新規にプログラムを作成するときは，必ず「おまじない」を入力し，誤りがないことを確認してください。この様子を図 2.3 に示します。

図 2.3 「おまじない」のコンパイル

2.3 太陽の光が地球に届くまでの所要時間の計算

太陽の光が地球に届くまでの所要時間を計算するプログラムを追加します。prog0201.c に加筆修正したプログラムを prog0202.c の名前で保存します。加筆修正した行は，太字で示しました。prog0202.c をコンパイルし，コンパイルエラーがないことを確認してから実行（図 1.10 参照）してください。実行結果は 500 が表示されます。

▶ **prog0202.c** ◀

```
 1  /* prog0202.c */
 2
 3  #include <stdio.h>
 4
 5  int main(void)
 6  {
 7      printf("%d¥n", 150000000 / 300000);
 8
 9      return 0;
10  }
11
12  実行結果
13  500
```

以後，サクラエディタとコマンド プロンプトの画面は省略します。
printf（プリントエフ）はディスプレイに表示を行う関数です。ダブルクォーテーションで囲まれた "%d¥n" は，書式文字列といいます。

%d は 10 進数（Decimal）で表示する変換指定になります。変換指定について詳しく知りたい方は，インターネットで検索してみてください。これに何が対応するかというと，150000000/300000 の計算結果になります。割り算の記号÷は，/（スラッシュ）を使います。書式文字列と 150000000/300000 の間は，コンマで区切ります。コンマの直後は，半角のスペースを 1 つ入れておくと，バランスがよくなります。¥n は，表示したあと，改行することを意味します。これは，エスケープシーケンス（Escape Sequence）といいます。これらの関係を図 2.4 に示します。

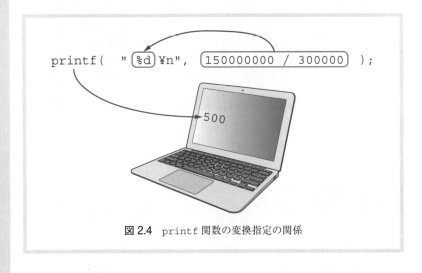

```
printf(   "%d ¥n",  150000000 / 300000 );
```

500

図 2.4　printf 関数の変換指定の関係

2.4　「はやぶさ 2」に電波が届く時間を算出しよう

　太陽の代わりに，「はやぶさ 2」を例にとり考えてみましょう。「はやぶさ 2」は，小惑星リュウグウに到着し，リュウグウに弾丸を発射し，小惑星内部の岩石を採取する計画です。岩石の採取が成功したので，無事に地球へ帰還できることを願うばかりです。地球から「はやぶさ 2」に電波を送ると，何秒かかるか計算してみましょう。地球と「はやぶさ 2」までの距離は，どうすればわかるでしょうか？　地球と「はやぶさ 2」の距離は，web サイトで公開されています（図 2.5）。

　図 2.5 は，2020 年 8 月 8 日 16：50 頃のもので，距離は 66957510 km です。電波の速さは光と同じです。光の速さは，30 万 km/s でしたね。地球から「はやぶさ 2」に送った電波が届くまでの時間は，66957510 km ÷ 30 万 km つまり，66957510 / 300000 を計算すると 223 秒になります。この計算を行うプログラムを考えてみましょう。

　prog0202.c に加筆修正を加えたプログラムを prog0203.c の名前で保存します。加筆修正した部分は，太字で示しました。

　prog0203.c をコンパイルし，エラーがないことを確認してから実行してください。実行結果は 223 が表示されます。2019 年 7 月 5 日 21：00 頃の距離は 246949680 km でした。このときの実行結果は 823 秒でした。採取したサンプルを持ち帰るために，地球にかなり近づいていることがわかります。

図 2.5　「はやぶさ 2」の地球からの距離 （©JAXA）
http://www.hayabusa2.jaxa.jp/ より引用

▶ prog0203.c ◀

```
1   /* prog0203.c */
2
3   #include <stdio.h>
4
5   int main(void)
6   {
7       printf("%d¥n", 66957510 / 300000);
8
9       return 0;
10  }
11
12  実行結果
13  223
```

2.5　変数を使ったプログラム

　この調子でプログラムを作っていくと，問題ごとにプログラムを書き換えることになります。prog0202.c と prog0203.c は，距離が違うだけで，どちらも同じ計算をしています。1 つのプログラムで，両方の計算を行えるプログラムを作っておけば汎用性が増しますし，そうすべきです。これを実現するための第一歩として，変数を使ったプログラムに書き換えます。距離（Distance）の変数名は d にします。光の速さ

（Speed）の変数名は s にします。この問題で扱う数字は整数（Integer）です。C 言語では整数を扱う変数の型は int になります。prog0203.c を加筆修正したプログラムを prog0204.c の名前で保存します。加筆修正した部分は，太字で示しました。実行結果は 500 が表示されます。

▶ prog0204.c ◀

```
 1  /* prog0204.c */
 2
 3  #include <stdio.h>
 4
 5  int main(void)
 6  {
 7      int s = 300000;
 8      int d = 150000000;
 9
10      printf("%d¥n", d / s);
11
12      return 0;
13  }
14
15  実行結果
16  500
```

　変数の宣言とは変数の実体を作ることであり，記述方法は，変数の型，変数名の順に記述します。さらに，変数の初期値を設定する場合は，= を使って数字を記述し，最後にセミコロンを記述します。初期値を設定しない場合は，= と数字は省略できます。光の速さは変数の名前を s にしました。初期値は 300000 で初期化しています。

　この様子を図 2.6 に示します。したがって，図 2.6 は整数型の変数 s の初期値を 300000 にすることを意味します。詳しくは，「C 言語 変数宣言」のキーワードを使ってインターネットで，検索するとよいでしょう。

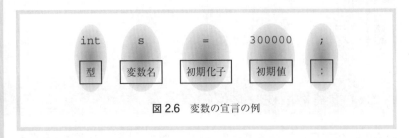

図 2.6　変数の宣言の例

　同様に，距離の変数 d を宣言します。初期値は 150000000 です。printf 関数の所要時間を求める計算式は d / s と書けて，printf 関数が簡潔になりました。

　さらに所要時間の計算結果を入れておくため，整数型の変数 t を宣言します。prog0204.c を加筆修正したプログラムを prog0205.c の名前で

保存します。加筆修正した部分は，太字で示しました。実行結果は 500 が表示されます。

▶ prog0205.c ◀

```
 1  /* prog0205.c */
 2
 3  #include <stdio.h>
 4
 5  int main(void)
 6  {
 7      int s = 300000;
 8      int d = 150000000;
 9      int t;
10
11      t = d / s;
12      printf("%d¥n", t);
13
14      return 0;
15  }
16
17  実行結果
18  500
```

　変数 t を宣言することによって，所要時間の結果を求め，t に代入することができます。イコールは，数学の等式ではありません。図 2.7 に示すように，右辺を評価（計算）した結果が，左辺の変数に代入される（入る）という意味になります。printf 関数の中が，非常に簡潔になりました。

　なお，初期化子も代入も同じ = を使います。初期化子がある変数 s と d は，変数が作られるときに初期値が決まります。一方，初期化子がない変数 t は，変数は作られますが，この時点ではデタラメな数が入っています。t = d / s; の代入によって，はじめて意味のある数になります。初期化子と代入は，この点が異なります。

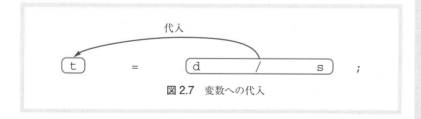

図 2.7　変数への代入

2.6　キーボードからの入力

　prog0205.c は，所要時間を計算できますが，「はやぶさ 2」のように距離が変化する場合を計算するときは，距離の変数 d の値を毎回変更す

る必要があります。その都度，コンパイル，実行を行わなければなりません。プログラム実行時に，変数の値をキーボードから入力できるようになると，さらに汎用性が向上します。

prog0205.c に加筆修正したプログラムを prog0206.c の名前で保存します。加筆修正した部分は，太字で示しました。変数 d は，キーボードから数値を入力しますので，初期値は必要なくなります。実行結果は，キーボードから入力を求める表示（プロンプトといいます）「距離?」を表示したあと，距離の数字が scanf 関数でキーボードから入力され，結果が表示されます。

▶ prog0206.c ◀

```
 1   /* prog0206.c */
 2
 3   #include <stdio.h>
 4
 5   int main(void)
 6   {
 7       int s = 300000;
 8       int d;
 9       int t;
10
11       // キーボードから距離 d の入力
12       printf(" 距離? ");
13       scanf("%d", &d);
14
15       t = d / s;
16       printf("%d¥n", t);
17
18       return 0;
19   }
20
21   実行結果
22   距離? 150000000
23   500
24
25   実行結果
26   距離? 66957510
27   223
```

scanf 関数は，図2.8に示すように printf 関数の逆の働きをします。printf 関数は，ディスプレイへ出力を行いますが，scanf 関数はキーボードから入力を行います。ダブルクォーテーション " " で囲まれた %d は，printf 関数と同様に変換指定といいます。%d は 10 進数で整数を入力する意味です。注意点は，変数 d の前に &（アンパーサンド）を記述しなければならないことです。よく付け忘れますので注意してください。

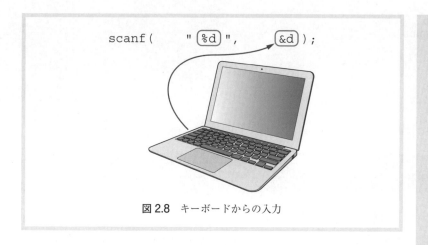

図2.8 キーボードからの入力

2.7 情報処理の基本原則（入力，処理，出力）

　情報処理の基本原則は，入力，処理，出力になります。プログラムを
作るときは，この原則に準じて作ることが重要です。速度の変数 s も，
キーボードから値を入力できるようにします。prog0206.c に加筆修正
したプログラムを prog0207.c の名前で保存します。加筆修正した部分
は，太字で示しました。// の記述は，コメントです。この記述から行
末までは，プログラム実行時に無視されます。コメントを適度に入れて
おくと，あとでプログラムを読む際に理解が容易になります。

▶ **prog0207.c** ◀

```
 1   /* prog0207.c */
 2
 3   #include <stdio.h>
 4
 5   int main(void)
 6   {
 7       int s;
 8       int d;
 9       int t;
10
11       // キーボードから速度 s と距離 d の入力
12       printf(" 速度？ ");
13       scanf("%d", &s);          入力
14       printf(" 距離？ ");
15       scanf("%d", &d);
16
17       t = d / s;                処理
18
19       printf("%d\n", t);        出力
20
21       return 0;
22   }
23
24   実行結果
```

```
25   速度? 300000
26   距離? 150000000
27   500
28
29   実行結果
30   速度? 300000
31   距離? 246949680
32   823
```

2.8　何分何秒

所要時間を秒で表示するだけでは，わかりにくさが残ります。何分何秒の形式で表示できると，さらにわかりやすくなります。1分は60秒ですから，分は秒数を60で割ったときの商になります。秒は60で割ったときの余りになります。これらを満足するプログラムになるように，prog0207.cを書き換えてみましょう。prog0207.cに加筆修正したプログラムをprog0208.cの名前で保存します。加筆修正した行は，太字で示しました。

秒（Seconds）をint型の変数secと宣言しました。

分（Minutes）をint型の変数minと宣言しました。

minを求める計算を入れました。この計算は所要時間の変数tを使いますので，tの計算が終わった直後に入れます。

同様にsecを求める計算を入れました。余りの計算は%を使います。

▶ prog0208.c ◀

```c
1    /* prog0208.c */
2
3    #include <stdio.h>
4
5    int main(void)
6    {
7        int s;
8        int d;
9        int t;
10       int sec;
11       int min;
12
13       // キーボードから速度sと距離dの入力
14       printf("速度? ");
15       scanf("%d", &s);
16       printf("距離? ");
17       scanf("%d", &d);
18
19       t = d / s;
20       min = t / 60;
21       sec = t % 60;
22
23       printf("%d¥n", t);
24       printf("%d¥n", min);
25       printf("%d¥n", sec);
```

```
26
27        return 0;
28    }
29
30    実行結果
31    速度？ 300000
32    距離？ 150000000
33    500
34    8
35    20
```

2.9　わかりやすい実行結果の表示

　実行結果が数字だけで表示されると，何が表示されているのかわからなくなります。数字の後ろに，分と秒の表示を付けるとわかりやすくなります。prog0208.c に加筆修正してみましょう。prog0208.c に加筆修正したプログラムを prog0209.c の名前で保存します。加筆修正した部分は，太字で示しました。

▶ prog0209.c ◀

```
1     /* prog0209.c */
2
3         省略（prog0208.cと同じ）
4
5         t = d / s;
6         min = t / 60;
7         sec = t % 60;
8
9         printf("所要時間は %d 秒です。¥n", t);
10        printf("所要時間は %d 分 %d 秒です。¥n", min, sec);
11
12        return 0;
13    }
14
15    実行結果
16    速度？ 300000
17    距離？ 150000000
18    所要時間は500秒です。
19    所要時間は8分20秒です。
```

　1つの printf 関数の中で，複数の変数を出力するときは，複数の変換指定 %d を入れます。%d と変数の対応は，記述した順番に対応します。したがって，最初の %d は変数 min に，2番目の %d は変数 sec に対応

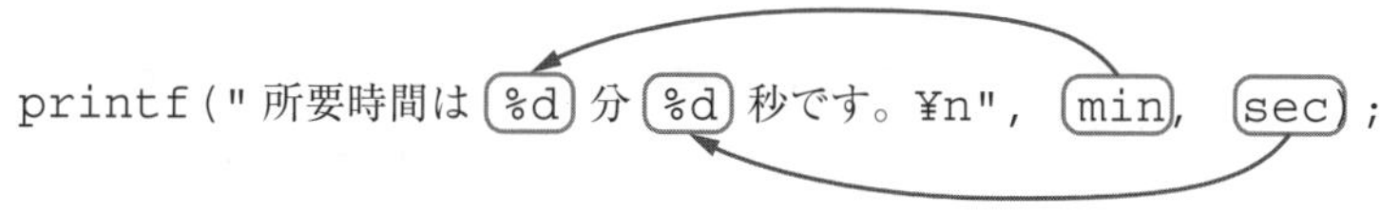

printf("所要時間は %d 分 %d 秒です。¥n", min, sec);

図2.9　変換指定と変数の対応

します。図2.9に示すように，各変数の値が10進数に変換されて対応する %d の部分に埋め込まれ，結果が表示されます。

2.10　不快指数の計算

　気温（Temperature）と湿度（Humidity）は日常生活にある身近な値です。この2つがわかると，不快指数（Discomfort Index）を計算することができます。不快指数は70以上で一般に不快となり，75以上で半数の人が必ず不快，85以上でほとんどの人が不快になるといわれています。気温と湿度を入力し，不快指数を表示するプログラムを作成してみましょう。なお気温と湿度は実数で扱います。C言語では実数は，double型になります。

　入力，処理，出力の原則に従って，プログラムを考えてみましょう。まず，必要になる変数を考えます。気温は変数tにします。tは実数型になりますので，double型を使います。湿度は変数名hにします。hもdouble型になります。不快指数は変数dにします。dもdouble型になります。まず，これらの変数の宣言部分を作成してみましょう。

　まず prog0201.c を開き prog0210.c の名前で保存します。その後，気温，湿度，不快指数の3つの変数を宣言します。加筆修正した部分は，太字で示しました。プログラムを保存し，コンパイルを行い，エラーがないことを確認します。

▶ prog0210.c ◀

```
 1  /* prog0210.c */
 2
 3  #include <stdio.h>
 4
 5  int main(void)
 6  {
 7      double t;
 8      double h;
 9      double d;
10
11      return 0;
12  }
```

　次は，入力の部分です。prog0210.c に加筆修正したプログラムを prog0211.c の名前で保存します。加筆修正した部分は，太字で示しました。このように，double型の実数の入力はscanfで，"%lf"（パーセント・エル・エフ）を使います。fは浮動小数点数（Floating-Point Number）を意味します。

▶ prog0211.c ◀

```
1   /* prog0211.c */
2
3   #include <stdio.h>
4
5   int main(void)
6   {
7       double t;
8       double h;
9       double d;
10
11      printf("気温？ ");
12      scanf("%lf", &t);
13      printf("湿度？ ");
14      scanf("%lf", &h);
15
16      return 0;
17  }
18
19  実行結果
20  気温？ 23.5
21  湿度？ 70.0
```

　ここで，気温と湿度を入力できるようになりました。次は，処理の部分を記述します。気温（t）と湿度（h）から，不快指数 d は次式で求めることができます。

$$d = 0.81t + 0.01h(0.99t - 14.3) + 46.3$$

　prog0211.c に加筆修正したプログラムを prog0212.c の名前で保存します。加筆修正した部分は，太字で示しました。d の計算式で，掛け算は *（アスタリスク）で示します。C 言語では数学のように $0.81t$ と書けず，0.81*t と書く必要がありますので，注意してください。

▶ prog0212.c ◀

```
1   /* prog0212.c */
2
3       省略（prog0211.cと同じ）
4
5       printf("湿度？ ");
6       scanf("%lf", &h);
7
8       d = 0.81 * t + 0.01 * h * (0.99 * t - 14.3) + 46.3;
9
10      return 0;
11  }
```

　次は，出力の部分を記述します。不快指数の計算結果は，d に入っていますので，これを表示します。prog0212.c に加筆修正したプログラムを prog0213.c の名前で保存します。加筆修正した部分は，太字で示しました。

```
1   /* prog0213.c */
2
3       省略（prog0211.cと同じ）
4
5       printf(" 湿度？ ");
6       scanf("%lf", &h);
7
8       d = 0.81 * t + 0.01 * h * (0.99 * t - 14.3) + 46.3;
9
10      printf(" 不快指数 %f¥n", d);
11
12      return 0;
13  }
14
15  実行結果
16  気温？ 23.5
17  湿度？ 70.0
18  不快指数 71.610500
```

　　printf で実数の表示は %f を使います。%f は，デフォルトでは小数点以下 6 桁まで表示されます。この例では桁数が多すぎますので，小数点以下 1 桁にします。この場合は，%.1f（パーセント・ドット・イチ・エフ）にします。

```
1   /* prog0214.c */
2
3       省略（prog0211.cと同じ）
4
5       printf(" 湿度？ ");
6       scanf("%lf", &h);
7
8       d = 0.81 * t + 0.01 * h * (0.99 * t - 14.3) + 46.3;
9
10      printf(" 不快指数は %.1f です。¥n", d);
11
12      return 0;
13  }
14
15  実行結果
16  気温？ 23.5
17  湿度？ 70.0
18  不快指数は 71.6 です。
```

　　この章では，日常生活にある値（意外な数字）を取り上げ，プログラムを作る方法を学びました。プログラムを作るためには，まず，「おまじない」を入力することから始まりました。例にならってプログラムを入力し，gcc でコンパイルを行い，a で実行を行い，実行結果が一致していることを確認しました。

1. 2つの整数をキーボードから入力し，足し算（和）を求めるプログラムを作成しなさい。

   実行結果
   x? 10
   y? 20
   x + y = 30

2. 2つの整数をキーボードから入力し，最初に入力した数を，あとから入力した数で引いた値（差）を求めるプログラムを作成しなさい。

3. 2つの整数をキーボードから入力し，2つの整数の掛け算（積）を求めるプログラムを作成しなさい。

4. 2つの整数をキーボードから入力し，最初に入力した数を，あとから入力した数で割った値（商）を求めるプログラムを作成しなさい。

5. 2つの整数をキーボードから入力し，最初に入力した数を，あとから入力した数で割った余り（剰余）を求めるプログラムを作成しなさい。

6. みなさんが使っている処理系の int 型で扱える範囲は 2147483647 から −2147483648 です。printf 関数を使って 2147483647 と 2147483647 ＋ 1 を表示するプログラムを作成し，実行結果を比較しなさい。

7. 1クラス 40 人のクラスで，インフルエンザに感染した生徒が 10 人いたとします。クラスの何パーセントが感染したかを計算するプログラムを作成しなさい。

8. 2つの実数をキーボードから入力し，足し算（和）と引き算（差）を求めるプログラムを作成しなさい。

9. 2つの実数をキーボードから入力し，掛け算（積）と割り算（商）を求めるプログラムを作成しなさい。

1. プログラムの枠組み

　以下は「何もしない正しいプログラム」である。これは「おまじない」という。

```
/* prog0201.c */

#include <stdio.h>

int main(void)
{
    return 0;
}
```

- 1行目（/* と */ で囲まれた部分）はコメント
- そのほかの行はおまじない！
- 「//」から行末までの文字列もコメント

2. 変数と計算

　変数には型がある。代表的な計算には，四則演算のほかに，余りがある。

(1) 整数型の変数（int 型の変数）の宣言

- 整数の値の入れ物（変数）を使うには，以下のような int 型の宣言が必要

```
int a;              // 変数aの宣言
int b = 20;         // 初期化子付きの宣言
```

(2) 実数型の変数（double 型の変数）の宣言

- 実数（小数点以下をもつ）の値の入れ物（変数）は，double 型の宣言が必要

```
double x;           // 実数変数xの宣言
double pi = 3.14;   // 初期化子付きの宣言
```

(3) 四則演算と代入

- 整数や実数の四則演算+，－，×，÷は，それぞれ +, -, *, / を使用
- 演算結果の変数への代入は = を使用
- 整数には，四則演算のほかに「割り算の余り」があり % を使用

```
a = b + c;   // bとcの和をaに代入
a = b - c;   // bとcの差をaに代入
a = b * c;   // bとcの積をaに代入
a = b / c;   // bをcで割った商をaに代入
a = b % c;   // bをcで割った余りをaに代入
```

【注】

- ・aの2乗はa ^ 2ではなく，a * aと書く
- ・2 aは2×aではなく，2 * aと記載
- ・%（余り）は整数計算のみに使用可能

(4) 式の計算の注意

- 計算の順序は原則として左から右

```
1 / 3 * 3 → (1 / 3) * 3 → 0 * 3 → 0
3 * 1 / 3 → (3 * 1) / 3 → 3 / 3 → 1
```

- 整数型と実数型の計算結果は実数型

```
1 / 3 * 3.14 → (1 / 3) * 3.14
    → 0 * 3.14 → 0
1.0 / 3 * 3.14 → (1.0 / 3) * 3.14
    → 0.3333 * 3.14 → 1.04666
```

- 整数同士の割り算は整数になることに注意（少数部切り捨て）
- 1 / 3 は 0（0.333.. ではない！）

3. ディスプレイへの出力（printf 関数）

　printf 関数は文字列や数値を表示する。

(1) 文字列の表示

- 文字列の表示は printf 関数で文字列を指定

```
printf("Hello World¥n");
    // ¥nは改行を指示
```

(2) 数値の表示

- 数値の表示は %d（10 進数）や %f（実数型）の書式使用

```
printf("%d¥n", 18);      // 整数型の表示は %d
printf("%f¥n", 3.14);    // 実数型の表示は %f

printf(" 半径:%d, 面積:%f¥n", d,
    3.14 * d * d);       // dは整数型の変数
```

- 変数dの値が5のとき，上の最後の printf 関数を実行すると「半径:5, 面積:78.500000」と表示

4. キーボードからの入力（scanf 関数）

　scanf 関数はキーボードから変数に値を入力する。

- 書式文字列は整数型が %d, 実数型が %lf（パーセント・エル・エフ）
- scanf 関数では変数の前に「&」記号を付けることを忘れないように！

```
// キーボードから整数を入力し変数aに入力
scanf("%d", &a);

// キーボードから実数を入力し変数xに入力
scanf("%lf", &x);
```

- プロンプトは何を入力するのかを表示する役割
- scanf 関数の前に printf 関数を記載

```
printf(" 値段? ");       // プロンプトの表示
scanf("%d", &price);     // priceはint型の
                            変数
```

第3章　不思議な数

　みなさんは，日常生活のいろいろな場面で数の列，すなわち数列に接したことがあると思います。これらの数は，不規則に並んでいることがありますが，大抵の場合は何らかの規則に従って整列しています。ここでは，規則に従って並んでいる数列を考えます。数列において，数列中の各数値を項といいます。

　それでは，数列にはどのような規則が考えられるでしょうか？　まず，すぐに思い付くのは次の2種類の数列だと思います。すなわち，連続する2つの数値（項）の間に規則が存在する数列です。連続する2つの項の差（公差）が一定である数列を等差数列といいます。また，連続する2つの項の比（公比）が一定である数列を等比数列といいます。

等差数列

直前の数値に，ある値（公差）を加えた値が次の数値となる数列。

| 例 | 1 | 2 | 3 | 4 | 5 | 6 | 7 | 8 | …（初項：1，公差：1） |

　　　　1　　3　　5　　7　　9　　11　　13　　15 …（初項：1，公差：2）

　　　20　17　14　11　　8　　5　　2　−1 …（初項：20，公差：−3）

等差数列を漸化式を用いて表すと下記のようになります。

$$S_{n+1} = S_n + d$$

S_{n+1}：数列の $n+1$ 番目の項，S_n：数列の n 番目の項，d：公差

等比数列

直前の数値に，ある値（公比）を乗算した値が次の数値となる数列。

　例　1　　2　　4　　8　　16　　32　　64 …（初項：1，公比：2）

　　　1　　3　　9　　27　　81　243　729 …（初項：1，公比：3）

　　128　64　32　16　　8　　4　　2 …（初項：128，公比：0.5）

等比数列を漸化式を用いて表すと下記のようになります。

$$S_{n+1} = r \cdot S_n$$

S_{n+1}：数列の $n+1$ 番目の項，S_n：数列の n 番目の項，r：公比

　本章を理解すると，プログラムで自由に数列を操作できるようになります。それでは，手始めにこの2つの数列を対象にプログラミングを学んでいきましょう。

3.1　数列の表示

　手始めに，等差数列 $\{S_n\}$（初項：1　公差：2）の第1項（S_1）から第5項（S_5）までを表示してみましょう。最初に，数列の第1項〜第5項までの値を代入するために整数型の変数 s1〜s5 を宣言し，それらの変数に数列の値を代入します。変数の型宣言には，2章で1変数に1行を使う方法を学習しましたが，プログラムの行数を削減する記述方法もあります。具体的には，下記に示すように，1行で複数の変数の型宣言をすることができます。この例では，1行で s1〜s5 の5つの整数型の変数を宣言しています。

```
int  s1,  s2,  s3,  s4,  s5;
```

　変数 s1 の値を表示する場合は，2.3節で説明した printf 関数を使います。

```
printf("%d¥n", s1);
```

①解説 ➡

　最初のプログラムは，prog0301.c です。このプログラムでは1つの項を出力する度に改行をしますので，実行結果として1 3 5 7 9の等差数列が縦1列に表示されます。

▶ **prog0301.c** ◀　**等差数列（初項：1 公差：2の等差数列を縦1列に出力）**

```
 1  /* prog0301.c */
 2
 3  #include <stdio.h>
 4
 5  int main(void)
 6  {
 7      int s1, s2, s3, s4, s5;        /* 整数型の変数 s1〜s5 の宣言 */
 8
 9      s1 = 1;                        /* s1に1を代入 */
10      s2 = 3;                        /* s2に3を代入 */
11      s3 = 5;                        /* s3に5を代入 */
12      s4 = 7;                        /* s4に7を代入 */
13      s5 = 9;                        /* s5に9を代入 */
14
15      printf("%d¥n", s1);           /* s1を出力して改行 */     ①
16      printf("%d¥n", s2);           /* s2を出力して改行 */
17      printf("%d¥n", s3);           /* s3を出力して改行 */
18      printf("%d¥n", s4);           /* s4を出力して改行 */
19      printf("%d¥n", s5);           /* s5を出力して改行 */
20
21      return 0;
22  }
23
24  実行結果
25  1
26  3
```

27	5
28	7
29	9

　これで等差数列は一応表示できましたが，数列が縦1列に並んでいるのは，どうも数列らしくありません。また，printf 関数を5回も使うのは美しいプログラムとはいえません。そこで，数列を横1行に並んだ形式で表示することを考えます。それには，1つの printf 関数で複数の変数の値を表示しなくてはなりません。複数の変数の値を横1行に表示すると，隣り同士の数値が密着して見にくくなります。そのため，printf 関数を下記のように使用する必要があります。下記の関数は，変数 s1 を10進数で表示し，2文字分のスペースを空け（%d のあとの2文字分のスペース），次に変数 s2 を10進数で表示し，2文字分のスペースを空け，…以下同様に変数 s5 までを順に表示し，改行します。

← ②解説

```
printf("%d  %d  %d  %d  %d¥n", s1, s2, s3, s4, s5);
```

　プログラムの全体を prog0302.c に示します。

▶ prog0302.c ◀　等差数列（公差2の等差数列を横1行に出力）

```
 1   /* prog0302.c */
 2
 3   #include <stdio.h>
 4
 5   int main(void)
 6   {
 7       int s1, s2, s3, s4, s5;        /* 整数型の変数 s1 〜 s5 の宣言 */
 8
 9       s1 = 1;                        /* s1 に 1 を代入 */
10       s2 = 3;                        /* s2 に 3 を代入 */
11       s3 = 5;                        /* s3 に 5 を代入 */
12       s4 = 7;                        /* s4 に 7 を代入 */
13       s5 = 9;                        /* s5 に 9 を代入 */
14
15       /* s1 〜 s5 を横 1 行に 10 進表示 */
16       printf("%d  %d  %d  %d  %d¥n", s1, s2, s3, s4, s5);    ②
17
18       return 0;
19   }
20
21   実行結果
22   1   3   5   7   9
```

3.2　配列の導入

　3.1節で数列を横1行に表示することはできましたが，prog0302.c を見ると，同じ数列なのに，その各項を表すために s1 〜 s5 の5つ異なる変数が使用されており，1つの数列らしくありません。そこで，同じ名

前の変数を用いて数列を管理する仕組みを考えます。複数の同種の変数を1つの名前の変数で管理する仕組みが配列（Array：アレイ）です。

プログラム内で5つの変数s1〜s5と，5つの要素を持つ配列aを使用した場合のコンピュータ内のメモリの関係を図3.1に示します。一般に，変数1つに対してコンピュータのメモリ内の1つの格納領域が割り当てられます。したがって，変数s1〜s5を使用した場合は，メモリ内に5つの格納領域が必要になります。

一方，配列は，同じ名前aでメモリ内の複数の格納領域を使用し，この場合はメモリ内の5つの格納領域を使用します。それぞれ格納領域のことを，配列の要素といいます。配列は同一の名前でメモリの複数の格納領域に対応するため，各格納領域は配列名と添字で管理します。この添字は0から始まることに注意が必要です。私たちが数を数えるときは，1から数えることが一般的ですが，コンピュータの世界では0から数えることが一般的です。

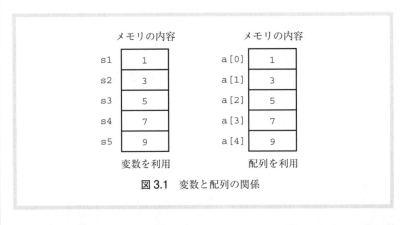

図3.1　変数と配列の関係

図3.1の変数と配列の関係からわかるように，変数および配列のいずれを使用しても格納領域分のメモリが必要になります。配列を利用したプログラムをprog0303.cに示します。配列を使用しない場合，数列を表現する際に5つの変数（s1〜s5）が必要であったのに対し，配列を使用すると1つの数列が1つの配列名（a）で管理ができ，プログラムがスッキリします。

▶ **prog0303.c** ◀　等差数列（配列を利用，初項：1 公差：2の等差数列を横1行出力）

```
 1  /* prog0303.c */
 2
 3  #include <stdio.h>
 4
 5  int main(void)
 6  {
 7      int a[5];          /* 整数型で要素数5の配列aを宣言 */  ③
 8
 9      a[0] = 1;          /* 配列の要素a[0]に1を代入 */
10      a[1] = 3;          /* 配列の要素a[1]に3を代入 */
```

```
11      a[2] = 5;          /* 配列の要素a[2]に5を代入 */
12      a[3] = 7;          /* 配列の要素a[3]に7を代入 */
13      a[4] = 9;          /* 配列の要素a[4]に9を代入 */
14
15      printf("%d  %d  %d  %d  %d¥n", a[0], a[1], a[2], a[3], a[4]);
16
17      return 0;
18   }
19
20   実行結果
21   1   3   5   7   9
```

3.3　繰り返し機能の導入

　3.1節では変数を用いて等差数列を表示し，3.2節ではこれを改良し，数列に同じ変数を使用する配列の仕組みを用いて等差数列を表示することができました。しかし，単に配列を導入しただけでは，毎回，配列の1要素ごとに数列の値を代入しなければなりません。そのため，数列の値を配列の要素に代入する処理（代入文）を5回繰り返すなどプログラムが美しくありません。そこで，新たに繰り返し機能の導入を図ります。

　繰り返し機能はfor文により実現します。for文の文法を下記に示します。

---

for 文

【文1～文nを繰り返す場合】

　for （式1; 式2; 式3）{ 文1; 文2; ・・・文n; }

【文1のみを繰り返す場合】

　for （式1; 式2; 式3）文1;

　式1：繰り返しの初期値を記述

　式2：繰り返しの終了条件を記述

　式3：繰り返しの刻み幅を記述

　このfor文の処理内容をフローチャート（flowchart）で記述した結果を図3.2に示します。流れ図とも呼ばれるフローチャートは処理の手順を示した図で，矢印がない場合には上から下へ，左から右に処理が進みます。四角形は処理を示し，その中に処理内容を記述します。ひし形は判断ボックスを示し，その中に分岐条件を記述し，その条件の成立／不成立により次に行われる処理に分岐します。

　図3.2の式1は今まで学んだ代入文で初期値を指定します。式2は条件式で，数値の大小比較などに使います。使用例では変数iの値が5よ

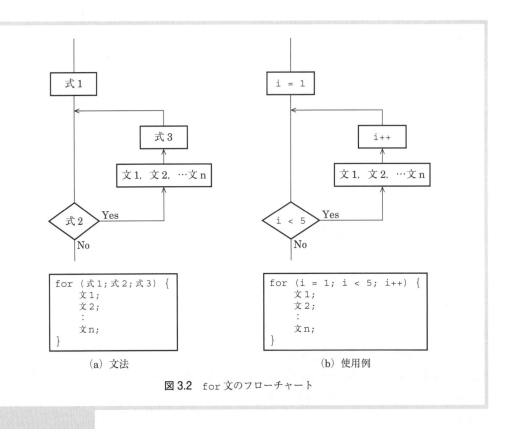

図 3.2　for 文のフローチャート

り小さければ真，そうでなければ偽となる条件を示します。式 3 は繰り返しの刻み幅としてインクリメント演算子（++）を使います。式 3 のi++ は後置インクリメント（increment）と呼ばれ，本例のように使用する場合は i = i+1 と同じ意味で，変数 i に 1 を加えた結果を新たに i とします。同様に，i-- は後置デクリメント（decrement）と呼ばれ，本例のように使用する場合には，i = i-1 と同じ意味です。また，++i，--i のように変数の前にインクリメント，デクリメント演算子を記述する前置方式もあります。この前置方式も本例のように使用する場合は，後置方式と全く同じ処理を実行します。これらの記法は C 言語では頻繁に使用されます。ただし，これらの演算子を数式の中で使用する場合には，前置方式と後置方式では内部処理の順序が異なりますので注意が必要です。詳細はほかの文法書を参照してください。

④解説　それでは，この繰り返し機能を for 文を用いて実現したプログラムを prog0304.c に示します。1 つ目の for 文の式 1 が i = 1 で，2 つ目の for 文の式 1 が i = 0 であることに注意してください。1 つ目の for 文の式 1 が i = 1 である理由は，この for 文の前に数列の初項 a[0] に，すでに 1 が代入されているからです。

▶ prog0304.c ◀ 等差数列（配列，繰り返しの利用）

```
1    /* prog0304.c */
2
3    #include <stdio.h>
4
5    int main(void)
6    {
7        /* 整数型の配列 a，整数型の変数 i，整数型の公差 d を宣言 */
8
9        int a[5], i, d;
10       d = 2;                      /* 公差 d を 2 とする */
11       a[0] = 1;                   /* 数列 a の初項に 1 を代入 */
12
13       for (i = 1; i < 5; i++)     /* 数列 a の各項に値を代入 */   ④
14           a[i] = a[i - 1] + d;
15
16       for (i = 0; i < 5; i++)     /* 数列 a の各項の値を出力 */   ④
17           printf("%d ", a[i]);
18
19       return 0;
20   }
21
22   実行結果
23   1 3 5 7 9
```

　prog0304.c で，繰り返しの for 文を用いて数列がきれいに整列する
プログラムを実現できました。等差数列が表示できたら，その和も求め
てみたいという欲求が出てきます。そこで，数列の和も同時に求めてみ
たいと思います。この数列の和を求めるのにもこの繰り返し機能が有効
に働きます。

　数列の和を求める場合のキーポイントは，繰り返しの外に数列の和
（sum）の初期値を sum = 0 と設定し，その後は繰り返しを利用して配
列に数列を代入し和を計算することです。数列の和を求める際に，繰り
返しの中に下記の式が記述されていることに注意してください。

```
sum += a[i];
```

◀ ⑤解説

　この式は現在の sum の値に数列 a[i] の値を加えて，新たに sum の
値とすることを示しています。sum = sum+a[i]; と書くこともできま
すが，C 言語では短く記述できるようになっています。全体のプログラ
ムを prog0305.c に示します。

▶ prog0305.c ◀ 等差数列（配列，繰り返しの利用，数列の和も計算）

```
1    /* prog0305.c */
2
3    #include <stdio.h>
4
5    int main(void)
6    {
7        int a[5];                /* 整数型で要素数 5 の配列 */
8        int i;                   /* 制御変数 */
```

```
 9      int d;                     /*  公差  */
10      int sum = 0;               /*  数列の和を 0 で初期化  */
11      d = 2;                     /*  公差 d を 2 とする  */
12      a[0] = 1;                  /*  数列 a の初項 a[0] に 1 を代入  */
13
14      for (i = 1; i < 5; i++)
15          a[i] = a[i - 1] + d;       /*  数列 a の各項に値を代入  */
16
17      for (i = 0; i < 5; i++)
18          sum += a[i];               /*  数列の和 sum に各項の値を加算  */ ⑤
19
20      for (i=0; i < 5; i++)
21          printf("%d ", a[i]);       /*  数列 a の各項を出力  */
22
23      printf("¥n");
24      printf(" 合計 %d¥n", sum);      /*  合計と出力後 sum を出力  */
25
26      return 0;
27   }
28
29   実行結果
30   1 3 5 7 9
31   合計 25
```

prog0305.c で，配列を用いて等差数列とその和を求めて表示することができました。しかし，このままでは配列に毎回数列の値を入力する必要があるだけでなく，数列の公差＝2，項数＝5と固定されており，汎用性がありません。そこで，3.4 節では数列の初項，公差，項数をキーボードから入力することを考えます。

3.4 キーボードからの読み込み

キーボードからデータを読み込むためには，2.6 節で簡単に説明した scanf 関数を使用します。scanf 関数の文法を下記に示します。

```
scanf (" 書式文字列 ", &変数名 1, &変数名 2, … , &変数名 n);
```

scanf 関数の書式文字列中には，どのような形式で変数に値を入力するかを指定します。たとえば，変数 s と変数 d に 10 進数で整数を入力する場合は，下記のように変数 s と変数 d は整数型であると宣言をしたあと，scanf 関数を記述します。scanf 関数では，読み込む変数の前に & の記号を付ける必要があります。

```
int s, d;
scanf ("%d%d", &s, &d);
```

⑥解説 ➡ この scanf 関数を用いて，キーボードから等差数列の初項，公差，項数を読み込み，表示するプログラムを prog0306.c に示します。この

プログラムでは，prog0305.c と同様に，数列の和も同時に計算しています。

▶ prog0306.c ◀ 等差数列（配列，繰り返しを利用，初項・公差・項数を入力，数列の和も計算）

```
1   /* prog0306.c */
2
3   #include <stdio.h>
4
5   int main(void)
6   {
7       int i;                  /* 制御変数 */
8       int a[20];              /* 数列用の配列 */
9       int s1;                 /* 初項 */
10      int d;                  /* 公差 */
11      int no;                 /* 項数 */
12      int sum = 0;            /* 数列の和 sum を 0 で初期化 */
13
14      printf("初項 = ");
15      scanf("%d", &s1);       /* 初項 s1 の入力 */          ⑥
16      printf("公差 = ");
17      scanf("%d", &d);        /* 公差 d の入力 */           ⑥
18      printf("項数 = ");
19      scanf("%d", &no);       /* 項数 no の入力 */          ⑥
20
21      a[0] = s1;              /* 初項 s1 を数列の先頭 a[0] に代入 */
22
23      for (i = 1; i < no; i++)
24          a[i] = a[i - 1] + d;    /* 値を配列 a[1]～a[項数 -1] に代入 */
25
26      for (i = 0; i < no; i++)
27          sum += a[i];            /* sum に a[0]～a[項数 -1] の値を加算 */
28
29      for (i = 0; i < no; i++)
30          printf("%d ", a[i]);    /* 配列 a[0]～a[項数 -1] の値の出力 */
31
32      printf("\n");
33      printf("合計 = %d\n", sum);  /* 数列の和 sum を出力 */
34
35      return 0;
36  }
37
38  実行結果
39  初項 = 1
40  公差 = 2
41  項数 = 5
42  1 3 5 7 9
43  合計 = 25
```

これまではすべて等差数列に関するプログラムを学んできましたが，もう一方の代表的な数列である等比数列についても同様なプログラムが作成できることを示します。下記の prog0307.c も前述の prog0306.c と同様に，初項，公比，項数を読み込み，その等比数列を表示するとともに数列の和を表示します。

```
1   /* prog0307.c */
2
3   #include <stdio.h>
4
5   int main(void)
6   {
7       int i;              /* 制御変数 */
8       int a[20];          /* 数列用の配列 */
9       int s1;             /* 初項 */
10      int r;              /* 公比 */
11      int no;             /* 項数 */
12      int sum = 0;        /* 数列の和を0で初期化 */
13
14      printf(" 初項 = ");
15      scanf("%d", &s1);               /* 初項 s1 の入力 */
16      printf(" 公比 = ");
17      scanf("%d", &r);                /* 公比 r の入力 */
18      printf(" 項数 = ");
19      scanf("%d", &no);               /* 項数 no の入力 */
20
21      a[0] = s1;                      /* 初項 s1 を数列の先頭 a[0] に代入 */
22
23      for (i = 1; i < no; i++)
24          a[i] = r * a[i - 1];        /* 値を配列 a[1]〜a[ 項数 -1] に代入 */
25
26      for (i = 0; i < no; i++)
27          sum += a[i];                /* sum に a[0]〜a[ 項数 -1] の値を加算 */
28
29      for (i = 0; i < no; i++)
30          printf("%d ", a[i]);        /* a[0]〜a[ 項数 -1] の値の出力 */
31
32      printf("¥n");
33      printf(" 合計 = %d¥n", sum);    /* 数列の和 sum を出力 */
34
35      return 0;
36  }
37
38  実行結果
39  初項 = 1
40  公比 = 2
41  項数 = 10
42  1 2 4 8 16 32 64 128 256 512
43  合計 = 1023
```

3.5 フィボナッチ数列

これまでは，隣り合う2つの項に関係のある等差数列，等比数列について学んできました。数列の中には，隣り合う3つの項に関係のある数列も存在します。その中の代表的な数列がフィボナッチ数列（Fibonacci Sequence）です [1, 2]。自然界では花びらの枚数がフィボナッチ数列の値であることが多いといわれています。「好き」「嫌い」「好き」…。今度，花占いを行うときには，フィボナッチ数列のことを思い出してください。フィボナッチ数列のある項の値は直前の2つの項の和になります。

第3章 不思議な数

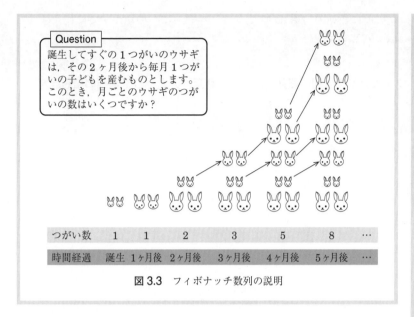

図3.3 フィボナッチ数列の説明

つがい数	1	1	2	3	5	8	⋯
時間経過	誕生	1ヶ月後	2ヶ月後	3ヶ月後	4ヶ月後	5ヶ月後	⋯

Question
誕生してすぐの1つがいのウサギは，その2ヶ月後から毎月1つがいの子どもを産むものとします。このとき，月ごとのウサギのつがいの数はいくつですか？

　フィボナッチはイタリアの数学者で，Fibonacci という名前で知られていますが，これはニックネームであり本名は，Leonardo Pisano といいます。1202 年に Fibonacci が著した『Liber abaci』にフィボナッチ数列が紹介されました。この本の中で「ウサギのつがいの増え方」の問題が，フィボナッチ数列に相当すると紹介されているとのことです。フィボナッチ数列の理解を容易にするために，この「ウサギのつがいの増え方」を図3.3に示します。

　先ほども述べたように「フィボナッチ数列のある項の値は直前の2つの項の和」で表されます。すなわち，数式で記述すると下記のように表せます。

$$a_1 = a_2 = 1$$
$$a_{n+1} = a_n + a_{n-1} \qquad (n \geqq 2)$$

具体的には，次のような数列です。

$$\{1 \quad 1 \quad 2 \quad 3 \quad 5 \quad 8 \quad 13 \quad 21 \quad 34 \quad 55 \quad 89 \quad 144 \cdots\}$$

また，その一般項は次式で表されることが知られています。

$$a_n = \frac{1}{\sqrt{5}}\left\{\left(\frac{1+\sqrt{5}}{2}\right)^n - \left(\frac{1-\sqrt{5}}{2}\right)^n\right\} \qquad (ビネの公式)$$

　このプログラムを prog0308.c に示します。このプログラムは項数（20 項以下とする）を入力し，項数分のフィボナッチ数列を出力するとともに，その和を計算して出力します。ここでは，最初の for 文の式1が i = 2 となっていることに注意してください。その理由は，この for

文の前に数列の初項 a[0] と第 2 項 a[1] に 1 の値がすでに代入されて
いるからです。

▶ prog0308.c ◀ フィボナッチ数列 (配列, 繰り返し利用, 入力あり, 数列の和も計算)

```
1  /* prog0308.c */
2
3  #include <stdio.h>
4
5  int main(void)
6  {
7      int i;              /* 制御変数 */
8      int a[20];          /* 数列用配列 */
9      int no;             /* 項数 */
10     int sum = 0;        /* 数列の和を 0 で初期化 */
11
12     printf(" 項数 = ");
13     scanf("%d", &no);                   /* 項数 no の入力 */
14
15     a[0] = 1;                           /* 初項 1 を数列の先頭 a[0] に代入 */
16     a[1] = 1;                           /* 第 2 項 1 を数列の 2 番目 a[1] に代入 */
17
18     for (i = 2; i < no; i++)                                          ⑦
19         a[i] = a[i - 2] + a[i - 1];   /* 直前の 2 項の和を配列へ */
20
21     for (i = 0; i < no; i++)
22         sum += a[i];                    /* sum に各項の値を加算 */
23
24     for (i = 0; i < no; i++)
25         printf("%d ", a[i]);          /* 配列 a[0]〜a[ 項数 -1] の値の出力 */
26
27     printf("\n");
28     printf(" 合計 = %d\n", sum);   /* 数列の和 sum を出力 */
29
30     return 0;
31  }
32
33  実行結果
34  項数 = 10
35  1 1 2 3 5 8 13 21 34 55
36  合計 = 143
```

3.6 もとに戻る不思議な数

　　思い浮かべた数にある演算を複数回実行したら, もとの思い浮かべた
数に戻ってしまうという「もとに戻る不思議な数」について, 考えてみ
ましょう。

　　みなさん, 次のことを行ってください。

1) 任意の 3 桁の整数を思い浮かべてください。

2) 次に, その 3 桁の数字を繰り返して 6 桁の数値に直してください
　（例：123 を思い浮かべた場合は, 123123 として 6 桁の数値とし
　ます）。

3) その6桁の数値をコンピュータに入力してみましょう。

4) その6桁の数値を7で割ってみてください。

5) 上記の4)の答えをさらに11で割ってみてください。

6) 上記の5)の答えをさらに13で割ってみてください。

7) その結果は，最初に思い浮かべた3桁の値と一致しませんでしたか？

この不思議な処理を再現するプログラムを prog0309.c に示します。

▶ prog0309.c ◀ もとに戻る不思議な数

```
1    /* prog0309.c */
2
3    #include <stdio.h>
4
5    int main(void)
6    {
7        int n;              /* 整数型変数 n の宣言 */
8        int n7;             /* 整数型変数 n7 の宣言 */
9        int n11;            /* 整数型変数 n11 の宣言 */
10       int n13;            /* 整数型変数 n13 の宣言 */
11
12       printf("3桁の数を2度繰り返し，6桁の数を入力してください。¥n");
13       scanf("%d", &n);
14       printf("入力された数値 = %d¥n", n);
15
16       n7 = n / 7;
17       printf("入力値を7で割った値 = %d¥n", n7);
18       n11 = n7 / 11;
19       printf("さらに11で割った値 = %d¥n", n11);
20       n13 = n11 / 13;
21       printf("さらに13で割った値 = %d¥n", n13);
22
23       return 0;
24   }
25
26   実行結果
27   3桁の数を2度繰り返し，6桁の数を入力してください。
28   123123
29   入力された数値 = 123123
30   入力値を7で割った値 = 17589
31   さらに11で割った値 = 1599
32   さらに13で割った値 = 123
```

みごとにもとの数値に戻ったことを確認できましたね。ほかの数値を入力してこのプログラム prog0309.c が正しく動作することを確認してみてください。

1. 次の数列の第1項～第10項までを出力するとともに，その第10項までの和を求めるプログラムを作成しなさい。

$$a_n = n \times (n + 2) \qquad (n = 1, 2, \cdots, 10)$$

2. 次の数列の第1項～第10項までを出力するとともに，その第10項までの和を求めるプログラムを作成しなさい。

$$a_n = (-1)^n \times n^2 \qquad (n = 1, 2, \cdots, 10)$$

3. フィボナッチ数列において，次の式が成立することを $n = 1 \sim 10$ の範囲について確認するプログラムを作成しなさい。ここで，F はフィボナッチ数列を表し，その添字の値は項番号を示すものとする（$F_1 = 1$，$F_2 = 1$，$F_3 = 2$，$F_4 = 3$，$\cdots$）。

$$F_1 + F_3 + F_5 + \cdots + F_{2n-1} = F_{2n}$$

4. 次の数列の第1項～第10項までを出力するプログラムを作成しなさい。

$$a_n = 1 + 2 + \cdots + n \qquad (n = 1, 2, \cdots, 10)$$

1 3 6 10 15 21 28 36 45 55

5. 次の数列の第1項から第10項までを出力するプログラムを作成しなさい。

$$a_n = 1 \times 2 \times \cdots \times n \qquad (n = 1, 2, \cdots, 10)$$

1 2 6 24 120 720 5040 40320 362880 3628800

参考文献

[1] D.N. Knuth『The Art of Computer Programming Vol.1, 3rd Ed.』Addison Wesley, 1997
[2] 佐藤修一『自然にひそむ数学』ブルーバックス，講談社

1. 配列

配列は同じ型の複数の入れ物をもつ変数である。
- 配列の宣言は型（整数型や実数型）と要素数を指定

```
int a[10];  // 整数型の要素数10の配列aを宣言
```

- 配列の要素は変数名に [] で位置を指定
- 配列の先頭の要素は0番目（1番目ではない！）

```
a[0] = 1;   //aの先頭の要素に1を入れる
a[1] = 1;   //aの先頭の次の要素に1を入れる
a[i] = a[i - 1] + a[i - 2];
    //aのi番目の要素に
    //aのi - 1番目とi - 2番目の要素の和を代入
    // ただし，iは2以上
printf("%d", a[4]);
    //aの4番目の要素を表示（aの先頭は0番目）
```

2. 繰り返し

for文は処理を繰り返す文である。
- int型の変数iは制御変数
- 次のfor文は始めにi = 0とし，i < 10が成立する間iに1を足しながら「処理」を繰り返す
- 「i++」は，for文の刻み幅として使用する場合は「i = i + 1」と同じ

```
for (i = 0; i < 10; i++)
   処理
```

- 次のfor文は，iがSからN - 1まで1ずつ増加しながら「処理」を繰り返す

```
for (i = S; i < N; i++)
   処理
```

- 次のfor文は，後ろの4行のプログラムと同じ

```
for (i = 0; i < 4; i++)
  a[i] = i;
```

```
a[0] = 0;
a[1] = 1;
a[2] = 2;
a[3] = 3;
```

3. ブロックの繰り返し

ブロックは { と } で囲んだ文の集まりで，複合文ともいう。
- for文はブロックの繰り返しにも使用可能
- 次のプログラムは，後ろのプログラムと同じ

```
for (i = 0; i < 4; i++) {
  a[i] = i;
  printf("%d ", a[i]);
}
```

```
a[0] = 0;
printf("%d ", a[0]);
a[1] = 1;
printf("%d ", a[1]);
a[2] = 2;
printf("%d ", a[2]);
a[3] = 3;
printf("%d ", a[3]);
```

4. 配列の合計の計算

配列とfor文を組み合わせると，配列の要素の合計を求めるプログラムを作成できる。
- 合計を入れる変数sumは初期値を0に設定

```
int a[5], i, sum = 0;
for (i = 0; i < 5; i++)
  sum += a[i];
            // sum = sum + a[i]; と同じ
```

5. 本章の全般的な注意

- 大きさがNの配列aの最後の要素はa[N - 1]
- 大きさ10の配列aの最後の要素はa[9]
- 大きさ10の配列aにa[10]は存在しない
- 配列を利用するプログラムは要素の位置（0から「大きさ-1」まで）を指定
- 存在しない配列の要素を指定すると実行時にエラーとなる
- for文の直後に ; は書かない（以下は間違い！）

```
for (i = 0; i < 5; i++);
                    // 後ろの「;」は間違い
  printf("%d ", a[i]);
```

- 次は文1を5回実行したあとに文2を1回実行
- 字下げはプログラムの構造には影響しない

```
for (i = 0; i < 5; i++)
  文1;
  文2;
```

- 2行以上の繰り返しはブロックを使う

```
for (i = 0; i < 5; i++) {
  文1;
  文2;
}
```

- ブロックの中は一定の文字数（2文字等）で字下げ

第4章 モデル化とシミュレーション

将来，コンピュータの専門家またはコンピュータを自由に利用できる技術者を目指すみなさんは，これからコンピュータを使用しなければ解けないさまざまな問題に直面することと思います。簡単な問題もありますが，複雑な問題を解くためには，その問題を詳細に分析し，まずモデル化をしなければなりません。次に，構築したモデルをもとにシミュレーションを実施し，問題の解を求める必要があります。

そこで，本章では身近な問題である「鶴亀算」や「売上最大化」の問題を例に，モデル化とシミュレーションについて考えていきたいと思います。

本章を理解すると，身近な問題を分析し，それをモデル化し，シミュレーションにより問題を解く力が養われます。それでは，この2つの問題を対象にプログラミングを学んでいきましょう。

4.1 鶴亀算

まず，「鶴と亀の合計数と，合計の足の数から，鶴と亀のおのおのの数を求める」問題の鶴亀算（図4.1）について考えてみましょう。

> **問題**
>
> ある小規模の動物園では，身近な動物を飼育しており，鶴（Crane）と亀（Turtle）の合計の数は5です。また，鶴と亀の足の本数の合計は16本です。このとき，鶴と亀の数を求めなさい。
>
>
>
> 合計数：5
> 合計の足数：16
> 鶴と亀の数は？
>
> **図4.1 鶴亀算**

この問題を解くにはどのようにしたらよいでしょうか？ まず，鶴と亀の数に応じて足の数を示す数表を作成し，モデル化してみましょう。鶴＋亀の合計数が5なので，この条件を常に保ちながら鶴の数を0〜5

へ増加させ，反対に亀の数を 5 〜 0 に減少させます。そのおのおのの場合の合計の足数は，2 ×（鶴の数）＋ 4 ×（亀の数）で計算できます。すると，表 4.1 から合計の足数が 16 本になるのは，鶴が 2 羽，亀が 3 匹であることがわかります。該当する合計の足数に，○を付けました。次に，この数表の「鶴の数」や「亀の数」を変化させて，問題の解を求めるシミュレーションを実施します。

では，早速この問題をプログラムで解いてみましょう。この prog0401.c は，次の手順で動作します。

（1）合計の足数（t_leg）と，鶴と亀の合計数（t_num）を入力し，その値を出力します。

（2）for 文（3.3 節参照）を用いて鶴の数（c）を 0 〜 t_num まで，1 羽ずつ増やすと同時に，（鶴＋亀）の数が t_num であることを利用して，そのときの亀の数（t）を計算します。

表 4.1 鶴亀算の数表

鶴の数（c）	0	1	2	3	4	5
亀の数（t）	5	4	3	2	1	0
鶴＋亀の数（$c+t$）	5	5	5	5	5	5
合計の足数（$2 \times c + 4 \times t$）	20	18	○ 16	14	12	10

（3）鶴の数（c）と亀の数（t）から，$2 \times c + 4 \times t$ を用いて合計の足数を計算した結果と，入力した合計の足数（t_leg）とが等しいとき，解が得られますので，そのときの鶴と亀の数を出力します。

この最後の手順，すなわち $2 \times c + 4 \times t$ が合計の足数（t_leg）と等しいか否かを判定するために if 文が使用されます。以下に if 文の文法を示します。if 文には下記に示すように if 文中に else を含まないものと，含むものの 2 つのタイプがあり，その動作をフローチャートで示すと図 4.2 のようになります。

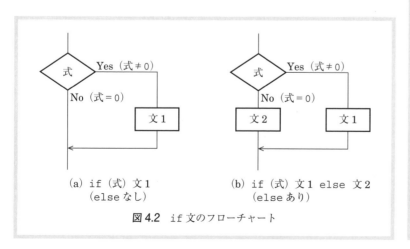

図 4.2 if 文のフローチャート

（a）if（式）文 1

（b）if（式）文 1 else 文 2

（a）のタイプの if 文では，（ ）内の式を評価し，その値が 0 でない場合，すなわち非 0（Yes または真）の場合のみ文 1 が実行されます。もし，式を評価した結果が 0（No または偽）の場合は文 1 は実行されません。したがって，当該の if 文がなかったことと同じになり，次の命令が実行されます。

（b）のタイプの if 文では，（ ）内の式を評価し，その値が非 0 の場合は文 1 を実行し，値が 0 の場合は文 2 を実行します。

この prog0401.c では，（a）のタイプの if 文を使用します。if 文の（ ）内の式，

$$t\_leg == 2 * c + 4 * t$$

①解説 ➡

に注目してください。式の中に == という等号が 2 つ並んだ記号（等価演算子）が使用されていますが，この等価演算子は，左辺と右辺の値が等しいか否かを評価し，等しい場合は非 0（真）に，等しくない場合は 0（偽）になります。したがって，式が非 0 となった場合はこの式が成立しており文 1 が実行されます。

▶ prog0401.c ◀ 　鶴亀算（鶴と亀の合計の足の数，および鶴と亀の合計数を入力，鶴と亀の数を出力）

```
 1  /* prog0401.c */
 2
 3  #include <stdio.h>
 4
 5  int main(void)
 6  {
 7      int c;                  /* 鶴の数 */
 8      int t;                  /* 亀の数 */
 9      int t_leg;              /* 合計の足数 */
10      int t_num;              /* 鶴と亀の合計数 */
11
12      printf("合計の足数 = ");
13      scanf("%d", &t_leg);    /* 合計の足数t_legの入力 */
14
15      printf("鶴と亀の合計数 = ");
16      scanf("%d", &t_num);    /* 鶴と亀の合計数t_numの入力 */
17
18      /* 鶴の数を0～鶴亀の合計数まで繰り返し */
19      for (c = 0; c < t_num + 1; c++) {
20          t = t_num - c;      /* 亀数=合計-鶴数 */
21
22          /* 合計足数が条件を満足したら出力 */
23          if (t_leg == 2 * c + 4 * t) {                   ①
24              printf("鶴 = %d  亀 = %d¥n", c, t);
25          }
26      }
27
28      return 0;
29  }
```

```
30
31      実行結果
32      合計の足数 = 16
33      鶴と亀の合計数 = 5
34      鶴 = 2  亀 = 3
```

4.2 　鶴亀算（エラー処理あり）

　みなさんは「ガーベジイン　ガーベジアウト（GIGO：Garbage In Garbage Out）」という言葉を聞いたことはありますか？ この直訳は「ゴミを入力すると，ゴミが出力される」ですね。言い換えると「誤ったデータを入力すると，得られる結果も誤ったものになる」ということです。したがって，プログラムを作成するときには，誤ったデータが入力されないように，入力データに関するエラー処理が重要になります。

　前節で一応鶴亀算を解くことができました。しかし，このままでは次のような問題点があるので，入力データに対してエラー処理を加える必要があります。

- 足の数の合計として，負の数や奇数も受け入れてしまう。
- 足の数は，鶴が2本，亀が4本ですので，鶴や亀が複数集まってもその足の数の合計は必ず正の偶数でなければなりません。

　さらに，下記の場合には「プログラムが正しく実行されたか否か？」がわかりにくくなりますので，その欠点を取り除きます。

- 解がない場合，何も出力しないで終了してしまうので，「その組み合わせでは解がありません。」と出力します。

　それでは，これらの問題点を解決したプログラムを prog0402.c に示します。このプログラムは，負の数や奇数が入力された場合，偶数の数値を入力するように促します。入力された合計の足数が正であり，またその値が偶数か奇数かの判定は，下記の部分で行っています。

▶ prog0402.c ◀　鶴亀算（鶴と亀の合計の足の数，および鶴と亀の合計数を入力，鶴と亀の数を出力）

```
1    /* prog0402.c */
2
3    #include <stdio.h>
4
5    int main(void)
6    {
7        int c;              /* 鶴の数 */
8        int t;              /* 亀の数 */
9        int t_leg;          /* 合計の足数 */
10       int t_num;          /* 鶴と亀の合計数 */
11       int sw;             /* 解の有無 */
12
13       printf(" 合計の足数 = ");
```

```
14        scanf("%d", &t_leg);              /* 合計の足数t_legの入力 */
15
16    if (t_leg <= 0) {                                          ②
17        printf("合計の足の数は正の数で入力してください。¥n");
18    } else if (t_leg % 2) {                                    ③
19        printf("合計の足の数は偶数で入力してください。¥n");
20    } else {
21        printf("鶴と亀の合計数 = ");
22        scanf("%d", &t_num);              /* 鶴と亀の合計数t_numの入力 */
23        if (t_num <= 0) {
24            printf("合計数は正の整数で入力してください。¥n");
25        } else {
26            sw = 0;                       /* 解はないと仮定 */         ④
27
28            /* 鶴の数を0から鶴亀の合計数まで繰り返し */
29            for (c = 0; c < t_num + 1; c++) {
30                t = t_num - c;       /* 亀数 = 合計 - 鶴数 */
31
32                /* 合計足数が条件を満足したら出力 */
33                if (t_leg == 2 * c + 4 * t) {
34                    printf("鶴 = %d　亀 = %d¥n", c, t);
35                    sw = 1;          /* 解が見つかったのでsw = 1とする */    ⑤
36                }
37            }
38        }
39
40        if (sw == 0) {                                         ⑥
41            printf("その組み合わせでは解はありません。¥n");
42        }
43    }
44
45    return 0;
46 }
47
48 実行結果
49 合計の足数 = 16
50 鶴と亀の合計数 = 5
51 鶴 = 2　亀 = 3
52
53 実行結果2
54 合計の足数 = -16
55 合計の足の数は正の数で入力してください。
56
57 実行結果3
58 合計の足数 = 15
59 合計の足の数は偶数で入力してください。
60
61 実行結果4
62 合計の足数 = 16
63 鶴と亀の合計数 = -5
64 合計数は正の整数で入力してください。
65
66 実行結果5
67 合計の足数 = 16
68 鶴と亀の合計数 = 3
69 その組み合わせでは解はありません。
```

②解説　③解説

まず合計の足の数は正の数の必要があるので最初のif文で評価して
います。このif文中（　）内の式で使用されている<=演算子は，≦を
意味します。さらに，合計の足数が偶数である必要があるので，次の

else if 文で評価します。else に続く if 文は最初の if 文の条件式
（t_leg <= 0）の評価結果が 0 である場合，さらに次の条件式（t_leg
% 2）を評価してその条件式が非 0 ならば，{ } 内の文を実行します。
この if 文の（　）内の式に使用されている % 演算子は，剰余を求める
演算子です。例えば，a % b と記述した場合，a を b で割った剰余を求
めます。

```
if (t_leg <= 0) {
    printf(" 合計の足の数は正の数で入力してください。¥n");
} else if (t_leg % 2) {
    printf(" 合計の足の数は偶数で入力してください。¥n");
}
```

　この else if 文では，（t_leg % 2）の式を評価し，t_leg を 2 で
割った余りが非 0 の場合は奇数ですので，「合計の足の数は偶数で入力
してください。」と出力します。余りが 0 の場合は何も実行しないで，
次の else 以下の処理，すなわち，t_leg > 0 でかつ偶数である場合の
処理が行われます。なお if (t_leg % 2) は，if (t_leg % 2 != 0)
と記述することもできます（a != b は a ≠ b を意味します）。この条件
式は，t_leg を 2 で割った余りが 0 でない，つまり t_leg が奇数のと
きと読むことができます。

　入力された「合計の足数」が正の偶数であっても，「鶴と亀の合計値」
との組み合わせで解が得られない場合があります。そのような場合は
「その組み合わせでは解がありません。」と出力します。そのため，始め
にこの問題には解がないと事前に仮定して sw = 0 とし，解があった場
合に sw の値を sw = 1 と変更します。プログラムを実行後，sw の値が
0 の場合に「解がありません。」と出力します。その部分には下記のよ
うな if 文が使用されています（図 4.2 (a) のタイプ）。

```
if (sw == 0) {
    printf(" その組み合わせでは解はありません。¥n");
}
```

　プログラムの理解を容易にするため，prog0402.c の主要部分のフロー
チャートを図 4.3 に示します。

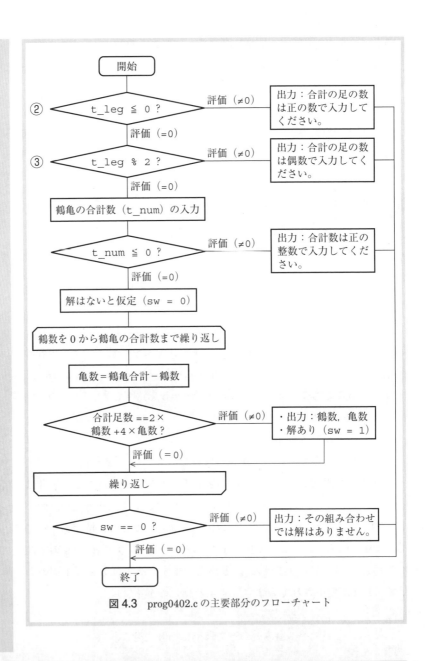

図 4.3　prog0402.c の主要部分のフローチャート

4.3　鶴亀算（連立方程式で解く場合）

　前節では，数表を使用して鶴亀算を解きましたが，この問題は連立方程式の問題であると気が付いた読者も多いと思います。そこで，連立方程式を使用して鶴亀算を解いてみましょう。今，

　　c：鶴の数，t：亀の数，t_leg：合計の足の数，t_num：鶴と亀の合計

とすると次の連立1次方程式で鶴亀算の問題を記述することができます。

$$2c + 4t = t\_leg \tag{4.1}$$

$$c + t = t\_num \tag{4.2}$$

連立方程式を解く方法はいろいろありますが，ここでは，一方または両方の式を整数倍し2つの式を加減することで，変数を減らす方法を考えます。まず，(4.2) 式の両辺を2倍すると下記の (4.3) 式が得られます。

$$2c + 2t = 2t\_num \tag{4.3}$$

次に，(4.1) 式から (4.3) 式を減じることにより，変数 c が消去された (4.4) 式が得られます。

$$2t = t\_leg - 2t\_num \tag{4.4}$$

よって，亀の数 t は (4.4) 式の両辺を2で割って，(4.5) 式のように求まります。

$$t = t\_leg / 2 - t\_num \tag{4.5}$$

また，(4.2) 式を用いて，(4.6) 式のように鶴の数 c が求まります。

$$c = t\_num - t \tag{4.6}$$

それでは，この (4.5) と (4.6) 式を用いてプログラムで鶴亀算を解いてみましょう。ここまで問題を分析しているとプログラム化は極めて簡単で，その結果を prog0403.c に示します。また，このプログラムでは，合計の足数が正の偶数で，鶴と亀の合計数が正の数だとしても，その組み合わせでは鶴や亀の数が負の値となり矛盾が起こることがあります。この鶴または亀の数が負になってしまう場合を取り除くため，prog0403.c では下記の if 文を使用しています。

⬅ ⑦解説

```
if (t < 0 || c < 0) {
    printf(" その組み合わせでは解はありません。¥n");
} else {
    printf(" 鶴 = %d  亀 = %d¥n", c, t);
}
```

ここでは図 4.2 (b) タイプの if 文が使用されています。if 文の ( ) 内の式の中に見慣れない || の記号が使われていることに気が付いたと思います。これは，| (ストローク，たて棒等) です。キーボードでは Shift キーを押しながら ¥ を押すと入力できます。アルファベットの小文字の l (エル) ではありませんので，注意してください。|| は論理演算子と呼ばれるもので OR を示します。ここでは，亀の数 (t)，鶴の数 (c) の一方でも負ならば，「その組み合わせでは解はありません。」と出力します。すなわち，if 文内の式が (a||b) である場合，この式の評価結果は，a，b の一方でも成立 (非0) ならば非0 (真)，でなければ 0 (偽) となります。論理演算子には OR 以外に AND や NOT を示す演算子もあります。表 4.2 に論理演算子の使用例とその意味を整理して示します。AND は論理積，OR は論理和，NOT は否定と考えるとわかり

表 4.2　論理演算子

演算子の記号	使用例	意味（評価結果の型）
&&	a&&b	AND：a，b ともに成立ならば非 0，でなければ 0（int 型）
||	a||b	OR：a, b の一方でも成立ならば非 0，でなければ 0（int 型）
!	!a	NOT：a が成立しないならば非 0，でなければ 0（int 型）

やすいと思います。

　この prog0403.c では if 文が多く使用されているため複雑に思える
かもしれません。理解を助けるため本プログラムの主要部分のフロー
チャートを図 4.4 に示します。

▶ prog0403.c ◀　鶴亀算（鶴と亀の合計の足の数，および鶴と亀の合計数を入力，鶴と亀の数を出力，連立方程式で解く，エラー処理付き）

```
1   /* prog0403.c */
2
3   #include <stdio.h>
4
5   int main(void)
6   {
7       int c;          /* 鶴の数 */
8       int t;          /* 亀の数 */
9       int t_leg;      /* 合計の足数 */
10      int t_num;      /* 鶴と亀の合計数 */
11
12      printf(" 合計の足数 = ");
13      scanf("%d", &t_leg);                /* 合計の足数t_legの入力 */
14
15      if (t_leg <= 0) {
16          printf(" 合計の足の数は正の数で入力してください。¥n");
17      } else if (t_leg % 2) {
18          printf(" 合計の足の数は偶数で入力してください。¥n");
19      } else {
20          printf(" 鶴と亀の合計数 = ");
21          scanf("%d", &t_num);            /* 鶴亀の合計t_numの入力 */
22          if (t_num <= 0) {
23              printf(" 合計数は正の整数で入力してください。¥n");
24          } else {
25              t = t_leg / 2 - t_num;      /* 亀の数を求める */
26              c = t_num - t;              /* 鶴の数を求める */
27
28              if (t < 0 || c < 0) {                           ⑦
29                  printf(" その組み合わせでは解はありません。¥n");
30              } else {
31                  printf(" 鶴 = %d　亀 = %d¥n", c, t);  /* 鶴と亀の数の出力 */
32              }
33          }
34      }
35
36      return 0;
37  }
38
```

39	実行結果 1
40	合計の足数　=　16
41	鶴と亀の合計数　=　5
42	鶴　=　2　亀　=　3
43	
44	実行結果 2
45	合計の足数　=　-16
46	合計の足の数は正の数で入力してください。
47	
48	実行結果 3
49	合計の足数　=　15
50	合計の足の数は偶数で入力してください。
51	
52	実行結果 4
53	合計の足数　=　16
54	鶴と亀の合計数　=　-5
55	合計数は正の整数で入力してください。
56	
57	実行結果 5
58	合計の足数　=　16
59	鶴と亀の合計数　=　3
60	その組み合わせでは解はありません。

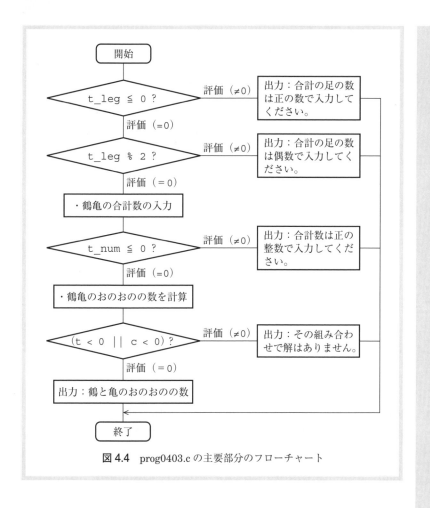

図 4.4　prog0403.c の主要部分のフローチャート

4.4　鶴亀算（クラーメルの公式で解く場合）

　次に，連立方程式を変数の消去をせず直接解く方法，すなわち，クラーメルの公式（Cramer's Rule）を学びます。この公式は線形代数で学習した読者も多いと思いますが，簡単に解説します。

　２元連立１次方程式が下記のように与えられたとします。

$$a_1 x + b_1 y = c_1 \tag{4.7}$$

$$a_2 x + b_2 y = c_2 \tag{4.8}$$

これをクラーメルの公式を用いて解くと下記のようになります。

$$x = \frac{\begin{vmatrix} c_1 & b_1 \\ c_2 & b_2 \end{vmatrix}}{\begin{vmatrix} a_1 & b_1 \\ a_2 & b_2 \end{vmatrix}} = \frac{c_1 b_2 - b_1 c_2}{a_1 b_2 - b_1 a_2} \quad , \quad y = \frac{\begin{vmatrix} a_1 & c_1 \\ a_2 & c_2 \end{vmatrix}}{\begin{vmatrix} a_1 & b_1 \\ a_2 & b_2 \end{vmatrix}} = \frac{a_1 c_2 - c_1 a_2}{a_1 b_2 - b_1 a_2}$$

ただし，$\begin{vmatrix} a_1 & b_1 \\ a_2 & b_2 \end{vmatrix} \neq 0$

　このクラーメルの公式を（4.1）式と（4.2）式に当てはめると，それぞれ下記の式になります。

$$2\,\text{c} + 4\,\text{t} = \text{t\_leg} \tag{4.1 再掲}$$

$$\text{c} + \text{t} = \text{t\_num} \tag{4.2 再掲}$$

　たとえば，合計の足数（t_leg）＝ 16，鶴と亀の合計数（t_num）＝ 5とすると下記のように解けます。

⑧解説 ⇨

$$c = \frac{\begin{vmatrix} \text{t\_leg} & 4 \\ \text{t\_num} & 1 \end{vmatrix}}{\begin{vmatrix} 2 & 4 \\ 1 & 1 \end{vmatrix}} = \frac{\text{t\_leg} \cdot 1 - 4 \cdot \text{t\_num}}{2 \cdot 1 - 4 \cdot 1} = \frac{16 \cdot 1 - 4 \cdot 5}{2 - 4} = \frac{-4}{-2} = 2 \quad (鶴数)$$

⑨解説 ⇨

$$t = \frac{\begin{vmatrix} 2 & \text{t\_leg} \\ 1 & \text{t\_num} \end{vmatrix}}{\begin{vmatrix} 2 & 4 \\ 1 & 1 \end{vmatrix}} = \frac{2 \cdot \text{t\_num} - \text{t\_leg} \cdot 1}{2 \cdot 1 - 4 \cdot 1} = \frac{2 \cdot 5 - 16 \cdot 1}{2 - 4} = \frac{-6}{-2} = 3 \quad (亀数)$$

　これをプログラム化したものが prog0404.c です。このプログラムでは，行列式の分母である $a_1 b_2 - b_1 a_2 = -2 \neq 0$ であることが事前にわかっているため，分母が0か否かの判定は省略しています。

▶ prog0404.c ◀　鶴亀算（鶴と亀の合計の足の数，および鶴と亀の合計数を入力，鶴と亀の数を出力，連立方程式をクラーメルの公式を用いて解く，エラー処理付き）

```
1  /* prog0404.c  */
2
3  #include <stdio.h>
4
5  int main(void)
6  {
```

```
 7        int c;                  /* 鶴の数 */
 8        int t;                  /* 亀の数 */
 9        int t_leg;              /* 合計の足数 */
10        int t_num;              /* 鶴と亀の合計数 */
11
12        printf(" 合計の足数 = ");
13        scanf("%d", &t_leg);                        /* 合計の足数t_legの入力 */
14
15        if (t_leg <= 0) {
16            printf(" 合計の足の数は正の数で入力してください。¥n");
17        } else if (t_leg % 2) {
18            printf(" 合計の足の数は偶数で入力してください。¥n");
19        } else {
20            printf(" 鶴と亀の合計数 = ");
21            scanf("%d", &t_num);                    /* 鶴と亀の合計数t_numの入力 */
22            if (t_num <= 0) {
23                printf(" 合計数は正の整数で入力してください。¥n");
24            } else {
25                c = (t_leg - 4 * t_num) / (-2);   /* 鶴の数を求める */        ⑧
26                t = (2 * t_num - t_leg) / (-2);   /* 亀の数を求める */        ⑨
27
28                if (t < 0 || c < 0) {
29                    printf(" その組み合わせでは解はありません。¥n");
30                } else {
31                    printf(" 鶴 = %d   亀 = %d¥n", c, t);   /* 鶴と亀の数の出力 */
32                }
33            }
34        }
35
36        return 0;
37    }
38
39    実行結果1
40    合計の足数 = 16
41    鶴と亀の合計数 = 5
42    鶴 = 2   亀 = 3
43
44    実行結果2
45    合計の足数 = -16
46    合計の足の数は正の数で入力してください。
47
48    実行結果3
49    合計の足数 = 15
50    合計の足の数は偶数で入力してください。
51
52    実行結果4
53    合計の足数 = 16
54    鶴と亀の合計数 = -5
55    合計数は正の整数で入力してください。
56
57    実行結果5
58    合計の足数 = 16
59    鶴と亀の合計数 = 3
60    その組み合わせでは解はありません。
```

4.5 売上最大化

4.1節から4.4節では，なじみの深い鶴亀算を各種の方法で解くことを学びました。本節では，商店や会社の売上を最大化する方法を学びま

す。次のような問題を考えます。

　観光地で「たこ焼き」と「鯛焼き」を商う小さなお店を経営しています。観光客で混雑することが多いので「たこ焼き」と「鯛焼き」を次のようなセットで販売しています。
　Ａセット：1400 円（内訳：「たこ焼き」3 個，「鯛焼き」5 個）
　Ｂセット：　900 円（内訳：「たこ焼き」2 個，「鯛焼き」3 個）
　「たこ焼き」と「鯛焼き」は独立に製造しているので，セット組をすると余ってしまうものも出てきます。ある時間に残っている「たこ焼き」と「鯛焼き」を数えたら，「たこ焼き」79 個，「鯛焼き」129 個がありました。そこで，残りの時間でＡセットとＢセットをおのおの何個売れば，総売上金額が最大になりますか？　ただし，Ａセット，Ｂセットとも完売するものとします。

　ここで問題をモデル化しましょう。z：総売上金額，a：Ａセットの売上数，b：Ｂセットの売上数とすると下記の式が成立します。

- 総売上金額を最大化したい（目的関数）

$$z = 1400a + 900b \tag{4.9}$$

- 「たこ焼き」数は 79 以下（たこ焼きの制約条件）

$$3a + 2b \leqq 79 \tag{4.10}$$

- 「鯛焼き」数は 129 以下（鯛焼きの制約条件）

$$5a + 3b \leqq 129 \tag{4.11}$$

- a, b は売上数で 0 以上の整数（a, b の制約条件）

$$a \geqq 0, \; b \geqq 0 \tag{4.12}$$

（4.9）式は総売上金額を表す式で，この値を最大化するという問題です。総売上金額を最大化する際の条件が次の 3 つの式です。（4.10）式は，「たこ焼き」の制約条件を記述した式で，Ａセットが 1 つ売れると「たこ焼き」が 3 個減り，Ｂセットが 1 つ売れると「たこ焼き」が 2 個減ることを表しており，その数は最大 79 個までであることを示しています。同様に，（4.11）式は，「鯛焼き」の制約条件を記述した式で，Ａセットが 1 つ売れると「鯛焼き」が 5 個減り，Ｂセットが 1 つ売れると「鯛焼き」が 3 個減ることを表しており，その数は最大 129 個までであることを示しています。また，（4.12）式はＡセットとＢセットの売上数を示す a と b が 0 以上の整数であることを示す制約条件です。

　この問題をグラフを用いて整理してみましょう。まず，（4.10）式と（4.11）式のグラフを図 4.5 に示します。図 4.5 は横軸にＡセットの売上数 a を，縦軸にＢセットの売上数 b をとっています。また，グラフを見やすくするため，a, b の重要な範囲のみを表示しています。

制約条件のこの2つの式から，AセットとBセットの売上数である a，b は（4.10）式のグラフと（4.11）式のグラフよりも小さい値をとる必要があります。また，（4.12）式から a，b は売上数なので0以上の整数であり，第1象限の値に限定されます。したがって，a，b の値は，（4.10）〜（4.12）式に囲まれた部分，すなわち，図4.5の2つのグラフと a 軸と b 軸に囲まれた凸の四角形の範囲内の整数値をとる必要があります。

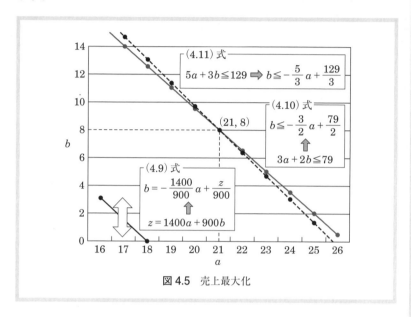

図4.5　売上最大化

この条件のもとで目的関数である（4.9）式の総売上金額を最大化することを考えます。この（4.9）式を図4.5上に描くと，その傾きの値は（4.10）式と（4.11）式の間にあり，a，b の値によってグラフが上下に平行移動し，総売上金額 z が変化します。z の値は単に上下に平行移動するのみなので，この z が最大値をとるのは，(a, b) の値が2つのグラフ，すなわち，（4.10）式と（4.11）式の交点のとき最大値をとることがわかります。ただし，その交点は整数値である必要があります。

それでは4.4節で学習したクラーメルの公式を用いて（4.10）式と（4.11）式の交点を求めてみます。

$$a = \frac{\begin{vmatrix} 79 & 2 \\ 129 & 3 \end{vmatrix}}{\begin{vmatrix} 3 & 2 \\ 5 & 3 \end{vmatrix}} = \frac{79 \cdot 3 - 2 \cdot 129}{3 \cdot 3 - 2 \cdot 5} = \frac{-21}{-1} = 21 \quad ,$$

⑩解説

$$b = \frac{\begin{vmatrix} 3 & 79 \\ 5 & 129 \end{vmatrix}}{\begin{vmatrix} 3 & 2 \\ 5 & 3 \end{vmatrix}} = \frac{3 \cdot 129 - 79 \cdot 5}{3 \cdot 3 - 2 \cdot 5} = \frac{-8}{-1} = 8$$

⑪解説

よって，$(a, b) = (21, 8)$ と整数値の交点が得られ，これを（4.9）式に代入します。すると，総売上金額の最大値が得られます。

$$z = 1400 \times 21 + 900 \times 8 = 36{,}600 \text{円} \quad \text{（総売上金額の最大値）}$$

これをプログラムした結果を prog0405.c に示します。

▶ prog0405.c ◀　売上最大化（クラーメルの公式を用いてグラフの交点を求める方式）

```
1   /* prog0405.c */
2
3   #include <stdio.h>
4
5   int main(void)
6   {
7       int a_tanka;        /* Aセットの単価 */
8       int b_tanka;        /* Bセットの単価 */
9       int r_tako;         /* 残りたこ焼き数 */
10      int r_tai;          /* 残り鯛焼き数 */
11      int zmax;           /* 総売上最大値 */
12      int amax;           /* 売上最大時のAセット数 */
13      int bmax;           /* 売上最大時のBセット数 */
14
15      printf("Aセット単価 = ");
16      scanf("%d", &a_tanka);       /* Aセットの単価a_tankaの入力 */
17      printf("Bセット単価 = ");
18      scanf("%d", &b_tanka);       /* Bセットの単価b_tankaの入力 */
19
20      printf("残りたこ焼き数 = ");
21      scanf("%d", &r_tako);        /* 残りたこ焼き数r_takoの入力 */
22
23      printf("残り鯛焼き数 = ");
24      scanf("%d", &r_tai);         /* 残り鯛焼き数r_taiの入力 */
25
26      amax = (r_tako * 3 - 2 * r_tai) / (3 * 3 - 2 * 5);      ⑩
27      bmax = (3 * r_tai - r_tako * 5) / (3 * 3 - 2 * 5);      ⑪
28      zmax = a_tanka * amax + b_tanka * bmax;                 ⑫
29
30      printf("売上最大時 ¥nAの売上数 = %d  ", amax);
31      printf("Bの売上数 = %d  ", bmax);
32      printf("総売上金額 = %d¥n", zmax);
33
34      return 0;
35  }
36
37  実行結果
38  Aセット単価 = 1400
39  Bセット単価 = 900
40  残りたこ焼き数 = 79
41  残り鯛焼き数 = 129
42  売上最大時
43  Aの売上数 = 21   Bの売上数 = 8   総売上金額 = 36600
```

4.6　売上最大化（数表を用いた解法）

この問題はたまたま変数の数が2つで，（4.10）式と（4.11）式の制約関数の2つのグラフが第1象限で交わり交点が整数値でした。さらに，

目的関数の傾きが 2 つの制約関数の傾きの間の値であったため，グラフを使用して容易に解くことができました。しかし，このような条件がそろわない問題も十分考えられます。そこで，一般的に問題を解くために下記の表 4.3 のような数表を用いてモデル化し，A セットと B セットのすべての組み合わせを考慮したプログラムで，シミュレーションを実施することを考えてみましょう。A セットの方が高い金額なので，まずはすべて A セットで販売をしたときのことを考えます。A セットの販売数を a とします。この販売数 a の決定方法は，次のように行います。

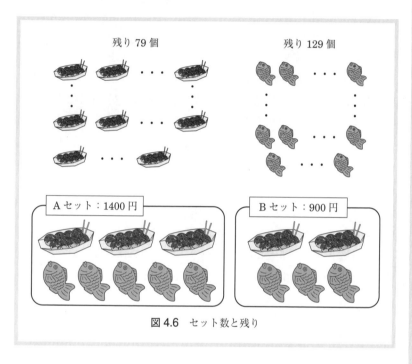

図 4.6　セット数と残り

表 4.3　総売上金額の算出

A セットの売上数 (a)	残りたこ焼き数 (r_tako)	残り鯛焼き数 (r_tai)	B セットの個数 (b)	総売上金額 ($z = 1400 \times a + 900 \times b$)
25	$79 - 3 \times 25 = 4$	$129 - 5 \times 25 = 4$	1	$1400 \times 25 + 900 \times 1 = 35900$
24	$79 - 3 \times 24 = 7$	$129 - 5 \times 24 = 9$	3	$1400 \times 24 + 900 \times 3 = 36300$
⋮	⋮	⋮	⋮	⋮
1	$79 - 3 \times 1 = 76$	$129 - 5 \times 1 = 124$	38	$1400 \times 1 + 900 \times 38 = 35600$
0	79	129	39	$1400 \times 0 + 900 \times 39 = 35100$

　図 4.6 に示すように「たこ焼き」は 79 個残っているので，これで A セットを作ると $79/3 = 26$ 個と余り 1 個ができます。一方，「鯛焼き」は 129 個残っているので，これで A セットを作ると $129/5 = 25$ 個と余り

⬅ ⑬解説
⬅ ⑭解説
⬅ ⑮解説

4個ができます。したがって，今あるものでAセットを作ると26個と25個の少ない方の25個のAセットを作ることができます。よって，表4.3の数表は $a = 25$ から開始されています。このことをプログラムに取り入れる必要があります。この部分はプログラム prog0406.c 中の下記の部分に相当します。

```
a_tako = r_takof / 3;    /* 残りたこ焼きで作れるAセット数 */
a_tai = r_taif / 5;      /* 残り鯛焼きで作れるAセット数 */
if (a_tako < a_tai) {    /* 少ない方をAセット数とする */
    a = a_tako;
} else {
    a = a_tai;
}
```

⑯解説 ➡

次に，Aセットの販売（25個）で残った「たこ焼き」と「鯛焼き」の数を求め，その残った数でBセットが何個，販売（b）することができるかを求めます。この場合も，先ほどと同様に，25個のAセットの販売で残った「たこ焼き」と「鯛焼き」はともに4個ですので，Bセットを作ると「たこ焼き」は $4/2 = 2$ 個でき，「鯛焼き」は $4/3 = 1$ 個と余り1個ができます。この場合は少ない方の値をとり，Bセットは1個

⑰解説 ➡

作ることができます。したがって，残っている79個の「たこ焼き」と129個の「鯛焼き」ですべてAセットを作った場合，表4.3の2行目にあるように，Aセット=25個，Bセット=1個を作ることができます。この部分が prog0406.c の下記の部分に相当します。

```
r_tako = r_takof - 3 * i;  /*Aセット後の残りたこ焼き数は？ */
r_tai = r_taif - 5 * i;    /*Aセット後の残り鯛焼き数は？ */
b_tako = r_tako / 2;
                        /*Aセット後の残りたこ焼きで作れるBの数 */
b_tai = r_tai / 3;
                        /*Aセット後の残り鯛焼きで作れるBの数 */
if (b_tako < b_tai) {
                        /* 少ない方をBセット数とする */
    b = b_tako;
} else {
    b = b_tai;
}
```

⑱解説 ➡

次に，Aセットの販売数を1つ減らしたとき，残りでBセットが何個販売できるかを求めます。以下順次，Aセットの販売数 a を減らしていき，Aセットの販売数が0で，すべてBセットで販売した場合までを，以下の for 文で計算しています。i の数を1つずつ減らすために，i-- が使用されていることに注意してください。

```
for (i = a ; i >= 0; i--) { ・・・}
```

この「たこ焼き」と「鯛焼き」の販売数から，(4.9)式を用いて総売上金額 z を表4.3の右端の列に求めています。この総売上金額 z を求める過程で，その最大値と最大値を与えるAセットとBセットの売上を求める必要があります。そのためには，上記の for 文の直前に zmax = 0; amax = 0; bmax = 0; と最大値の初期値をセットし，この for 文の中で最大値を求めます。prog0406.c にこのプログラムの全体を示します。

▶ prog0406.c ◀　売上最大化（数表を用いて解く）

```c
1   /* prog0406.c */
2
3   #include <stdio.h>
4
5   int main(void)
6   {
7       int a;              /* Aセット売上数 */
8       int a_tanka;        /* Aセットの単価 */
9       int b;              /* Bセット売上数 */
10      int b_tanka;        /* Bセットの単価 */
11      int r_tako;         /* 残りたこ焼き数 */
12      int r_takof;        /* 残りたこ焼きの初期値 */
13      int r_tai;          /* 残り鯛焼き数 */
14      int r_taif;         /* 残り鯛焼きの初期値 */
15      int zmax;           /* 総売上最大値 */
16      int amax;           /* 売上最大時のAセット数 */
17      int a_tako;         /* 残りたこ焼きで作れるAセット数 */
18      int a_tai;          /* 残り鯛焼きで作れるAセット数 */
19      int bmax;           /* 売上最大時のBセット数 */
20      int b_tako;         /* 残りたこ焼きで作れるBセット数 */
21      int b_tai;          /* 残り鯛焼きで作れるBセット数 */
22      int z;              /* 総売上金額 */
23      int i;              /* 制御変数 */
24
25      printf("Aセット単価 = ");
26      scanf("%d",&a_tanka);           /* Aセットの単価a_tankaの入力 */
27
28      printf("Bセット単価 = ");
29      scanf("%d",&b_tanka);           /* Bセットの単価b_tankaの入力 */
30
31      printf(" 残りたこ焼き数 = ");
32      scanf("%d",&r_takof);           /* 残りたこ焼き数r_takofの入力 */
33
34      printf(" 残り鯛焼き数 = ");
35      scanf("%d",&r_taif);            /* 残り鯛焼き数r_taifの入力 */
36
37      /* Aセットの売上数の初期値の決定 */
38
39      zmax = 0;           /* 総売上の最大値のための初期値 */        ⑲
40      amax = 0;           /* 総売上最大時のAセット数の初期値 */     ⑲
41      bmax = 0;           /* 総売上最大時のBセット数の初期値 */     ⑲
42
43      a_tako = r_takof/3;     /* 残りたこ焼きで作れるAセット数 */     ⑬
44      a_tai = r_taif/5;       /* 残り鯛焼きで作れるAセット数 */      ⑭
45
46      if (a_tako < a_tai) {   /* 少ない方をAセット数とする */        ⑮
47          a = a_tako;
48      } else {
```

```
 49            a = a_tai;
 50        }
 51
 52        /* Aセット数最大から0まで繰り返し */
 53        for (i = a ; i >= 0; i--) {                              ⑱
 54            r_tako = r_takof - 3 * i;    /* Aセット後の残りたこ焼き数は？ */   ⑯
 55            r_tai = r_taif - 5 * i;       /* Aセット後の残り鯛焼き数は？ */
 56            b_tako = r_tako / 2;          /* Aセット後の残りたこ焼きで作れるBの数 */
 57            b_tai = r_tai / 3;            /* Aセット後の残り鯛焼きで作れるBの数 */
 58
 59            /* 少ない方をBセット数とする */
 60            if (b_tako < b_tai) {                                ⑰
 61                b = b_tako;
 62            } else {
 63                b = b_tai;
 64            }
 65
 66            z = a_tanka * i + b_tanka * b;          /* 総売上の計算 */
 67
 68            printf("Aの売上数 = %d   Bの売上数 = %d   ",  i, b);
 69            printf(" 総売上金額 = %d\n",z);
 70            if (z > zmax) {
 71                zmax = z;          /* 総売上の最大値 */
 72                amax = i;          /* 総売上最大時のAセット数 */
 73                bmax = b;          /* 総売上最大時のBセット数 */
 74            }
 75        }
 76
 77        printf(" 売上最大時 \n");
 78        printf("Aの売上数 = %d   ",amax);
 79        printf("Bの売上数 = %d   ",bmax);
 80        printf(" 総売上金額 = %d\n", zmax);
 81
 82        return 0;
 83    }
 84
 85    実行結果
 86    Aセット単価 = 1400
 87    Bセット単価 = 900
 88    残りたこ焼き数 = 79
 89    残り鯛焼き数 = 129
 90    Aの売上数 = 25   Bの売上数 = 1    総売上金額 = 35900
 91    Aの売上数 = 24   Bの売上数 = 3    総売上金額 = 36300
 92    Aの売上数 = 23   Bの売上数 = 4    総売上金額 = 35800
 93    Aの売上数 = 22   Bの売上数 = 6    総売上金額 = 36200
 94    Aの売上数 = 21   Bの売上数 = 8    総売上金額 = 36600
 95    Aの売上数 = 20   Bの売上数 = 9    総売上金額 = 36100
 96    Aの売上数 = 19   Bの売上数 = 11   総売上金額 = 36500
 97    Aの売上数 = 18   Bの売上数 = 12   総売上金額 = 36000
 98        :
 99    途中省略
100        :
101    Aの売上数 = 4    Bの売上数 = 33   総売上金額 = 35300
102    Aの売上数 = 3    Bの売上数 = 35   総売上金額 = 35700
103    Aの売上数 = 2    Bの売上数 = 36   総売上金額 = 35200
104    Aの売上数 = 1    Bの売上数 = 38   総売上金額 = 35600
105    Aの売上数 = 0    Bの売上数 = 39   総売上金額 = 35100
106    売上最大時
107    Aの売上数 = 21   Bの売上数 = 8    総売上金額 = 36600
```

最後に得られた答え $a = 21$，$b = 8$ を（4.10）式と（4.11）式に代入してみましょう。すると，

（4.10）式は，

$$3 \cdot 21 + 2 \cdot 8 = 79$$

（4.11）式は，

$$5 \cdot 21 + 3 \cdot 8 = 129$$

となり，$a = 21$，$b = 8$ は「たこ焼き」「鯛焼き」とも余りがない場合に相当し，その場合に売上金額が最大になっていることがわかります。

練習問題

1．「タコ」と「イカ」の総数，および，合計の足数を入力し，「タコ」と「イカ」それぞれの数を求めるプログラムを作成しなさい。なお，足の数は，タコ：8本，イカ：10本とする。

2．次の式を満足する (a, b, c) の組み合わせをすべて出力し，その合計の組み合わせ数が何組かを出力するプログラムを作成しなさい。

$$a^2 + b^2 = c^2 \text{（この式を満足する自然数 } a, b, c \text{ の組をピタゴラス数という）}$$

　ただし，a, b, c は，ともに $1 \sim 30$ の整数とし，$(3, 4, 5)$ と $(4, 3, 5)$ のように，単に a と b の値が入れ替わった組み合わせは，合わせて 1 組とする。

3．次の式を満足する (a, b, c) の組み合わせをすべて出力し，その合計の組み合わせ数が何組かを出力するプログラムを作成しなさい。

$$a^3 + b^3 = c^3$$

　ただし，a, b, c は，ともに $1 \sim 30$ の整数とし，練習問題 4.2 と同様に，単に a と b の値が入れ替わったものは，合わせて 1 組とする。解がない場合には，「解はありません。」と出力する。

　参考：フェルマーの最終定理（大定理とも呼ぶ）。

　　$n \geqq 3$ の自然数のとき，$a^n + b^n = c^n$ を満たす自然数 a, b, c は存在しない。

●●● 4章のまとめ ●●●

1. if文

　if文は条件によって処理を分岐できる。else を含まないものと，含むものがある。

・if文は条件によって分岐するか否かを制御

```
if ( 条件 ) {      // 条件が成立すれば
  文1;             // 文1を実行
}
```

・else（そうでない場合）の分岐が可能

```
if ( 条件 ) {      // 条件が成立すれば
  文1;             // 文1を実行
} else {           // そうでなければ
  文2;             // 文2を実行
}
```

・さらにelse ifを使って多分岐が可能

```
if ( 条件1 ) {     // 条件1が成立すれば
  文1;             // 文1を実行
} else if ( 条件2 ) { //そうでなく条件2が
                   // 成立すれば
  文2;             // 文2を実行
} else {           // そうでなければ
  文3;             // 文3を実行
}
```

【注】「if（条件）」の直後に「;」は付けない

2. 条件の書き方

・値の比較条件の書き方（等価演算子，関係演算子）

```
a == b  : 等しい（「=」は代入，「==」は等号）
a != b  : 等しくない
a < b   : aはbより小
a <= b  : aはb以下
a > b   : aはbより大
a >= b  : aはb以上
```

・複数の条件を組み合わせる書き方（論理演算子）

```
p1 && p2  : p1かつp2
p1 || p2  : p1またはp2
! p1      : p1でない
```

3. if文の例

・うるう年は，年が4で割り切れかつ100で割り切れない，または400で割り切れる年

```
if ((y % 4 == 0 && y % 100 != 0) ||
    y % 400 == 0) {
  printf("%d年はうるう年¥n", y);
} else {
  printf("%d年は平年¥n", y);
}
```

・60点以上で合格の判定

```
if (score > 100 || score < 0)
  printf("0点から100点にすること¥n");
else if (score >= 60)
  printf(" 合格¥n");
else
  printf(" 不合格¥n");
```

4. いろいろな問題

　if文とfor文を組み合わせると，いろいろな問題を解けるようになる。

(1) 鶴亀算

・繰り返しによる鶴亀算のプログラム

```
int c, t, sw = 0, t_num, t_leg;
// 合計t_numと足の合計t_legをキー入力（省略）
for (c = 0; c <= t_num; c++) {
                           //c:鶴, t:亀
  t = t_num - c;
  if (t_leg == c * 2 + t * 4) {
    printf(" 鶴 =%d 亀 =%d¥n", c, t);
    sw = 1;
  }
}
if (sw == 0) printf(" 解はありません。¥n");
```

(2) 配列の最大

・配列の中の最大値を求める考え方

```
int a[5] = {6,2,9,7,4}; // 配列の初期値設定
int i, max = a[0];  //a[0]を仮の最大値とする
for (i = 1; i < 5; i++) {
  if (a[i] > max)
    max = a[i];
}
printf(" 最大 :%d¥n", max);
// 注：最小はif文の条件の ">" を "<" に置き換える
```

(3) 売上最大

・売上最大を求める考え方

```
int i, sale, maxSale, maxI, n;
for (i = 0; i < n; i++) {
  //saleの再計算を行う ;
  if (i == 0 || sale > maxSale) {
    maxSale = sale;
    maxI = i + 1;   // 先頭を1番目とする
  }
}
printf(" 最大は %d 番目の売上 %d 円 ¥n", maxI,
       maxSale);
```

デコレーションという言葉からみなさんは何を連想するでしょうか。図5.1は，デコレーションケーキの例です。スポンジケーキの上に，イチゴやクリームが乗っておいしそうですね。このように飾り付けることをデコレーション（Decoration）といいます。

図 5.1　デコレーションケーキの例

　aという1文字があったとき，その四方八方を + で囲むことを考えてみましょう。具体的には，図5.2 (a) の結果が得られます。

```
    +++           ++++          +++++++
    +a+           +ab+          +abcdef+
    +++           ++++          +++++++
 (a) 1文字の場合    (b) 2文字の場合    (c) 6文字の場合
```

図 5.2　文字のデコレーションの例

　同様に ab という2文字の文字列があったとき，その四方八方を + で囲むと，図5.2 (b) の結果が，6文字の場合は (c) の結果が得られます。デコレーションケーキのように美味しそうには見えませんが，文字列のまわりを飾り付けることを，デコレーションと呼ぶことにします。デコレーションを実現するには，飾り付けるためのなんらかの法則を発見する必要があります。法則を発見できないと，文字列の長さごとに対応したプログラムを個々に作成することになり，非現実的です。それでは法則を発見し，プログラムを記述してみましょう。

5.1 法則の発見

まず，文字列に対して，これを囲む + を含む横幅の文字数がどうなっているのかを考えてみましょう。ただし，文字列は半角文字とし，その長さは 1 文字以上とします。図 5.2 に着目すると，

- 1 文字の場合は，3 文字です。
- 2 文字の場合は，4 文字です。
- 6 文字の場合は，8 文字です。

以上の関係から文字列の文字数よりも，横幅は 2 文字増えていることがわかります。この理由は，文字列の両側に，+ の文字を付けているためです。各行に対して法則をまとめると，以下となります。

- 1 行目は，文字列の文字数に 2 を加えた個数の + を表示する。
- 2 行目は，+ を表示したあとに，文字列を表示し，最後に + を表示する。
- 3 行目は，1 行目と同じ。

これらの法則を満足するプログラムを書けば，入力した文字列に対応したデコレーションができます。なお，現実的な文字列の長さは，ディスプレイ上で折り返しが生じない程度とし，各自のコンピュータ環境に合わせてください。

5.2 文字数の取得

このプログラムを作成するためには，文字列の文字数を知る必要があります。手始めに，文字列をキーボードから入力し，そのまま表示するプログラムを考えてみましょう。プログラムは，prog0501.c です。prog0201.c に加筆修正した部分を太字で示します。実行結果は，キーボードから入力した文字列がそのまま表示されます。

C 言語では文字列を，図 5.3 に示すように文字（char）の配列として扱います。ここでは文字列の末尾を示すナル文字を含め 128 文字までの文字列を保存できる配列 str を宣言しています。ナル（ヌル）文字の数は 0 です。C 言語では文字列の最後を示す特別な意味で使われます。文字列のキーボードからの入力は複数の文字の入力を想定するので，その変換指定は，%s を使います。なお，文字列入力では，整数や実数の入力とは異なり scanf で変数の前に & を付ける必要はありません。

scanf が実行され，キーボードから文字列 "abc" を入力したときの，配列 str の各要素の様子を図 5.3 に示します。文字列のあとにはナル

（ヌル）文字（値 0）が 1 字入ります。図 5.3 では，\0 と記載しています。char str[128]; と定義した場合，127 文字分の格納領域が確保されることになります。str[4] から str[127] の値は，デタラメな値になります。この様子を？で表現しました。？が入っているわけではありませんので，注意してください。

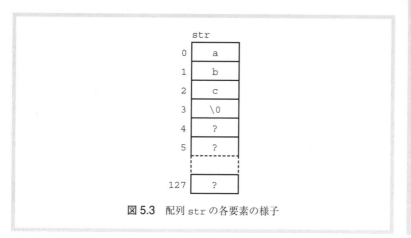

図 5.3　配列 str の各要素の様子

▶ prog0501.c ◀

```
1    /* prog0501.c */
2
3    #include <stdio.h>
4
5    int main(void)
6    {
7        char str[128];
8
9        printf("文字列？ ");
10       scanf("%s", str);
11       printf("%s¥n", str);
12
13       return 0;
14   }
15
16   実行結果
17   文字列？ abc
18   abc
```

次のプログラムは，文字列の長さを調べます。文字列の長さは，strlen 関数で調べることができ，結果は size_t 型になります。この型は，符号なし整数型になります。詳細はインターネットで検索するとよいでしょう。int 型へキャスト（型変換）するために，(int)strlen(str) と記述しています。この関数を利用するために string.h をプログラムの最初の部分で，stdio.h と同様にインクルード（include：含める）します。プログラムは，prog0502.c です。prog0501.c に加筆した部分を太字で表示しました。以上で文字列の長さがわかるようになりました。

```
1   /* prog0502.c */
2
3   #include <stdio.h>
4   #include <string.h>
5
6   int main(void)
7   {
8       char str[128];
9
10      printf(" 文字列？ ");
11      scanf("%s", str);
12      printf("%s\n", str);
13      printf("%d\n", (int)strlen(str));
14
15      return 0;
16  }
17
18  実行結果
19  文字列？ abc
20  abc
21  3
```

5.3　デコレーションの法則の適用

　次に5.1節で示した法則をプログラミングしてみましょう。プログラムは，prog0503.cです。prog0502.cに加筆した部分を太字で表示しています。まず，「1行目は，もとの文字数に2を加えた個数の+を表示する」を考えてみます。もとの文字数は，strlen関数で求め，結果をint型の変数lengthに代入します。lengthへの代入時にint型へ変換されるので，キャストは省略できます。この数に2を加えた個数の+を表示すればよいことになります。for文を使って記述すると，「//1行目の表示」のようになります。

　次に，「2行目は，+を表示したあとに，もとの文字列を表示し，最後に+を表示する」を考えてみます。これをプログラムで記述すると，「// 2行目の表示」のようになります。

　最後に，「3行目は，1行目と同じ」です。「// 3行目の表示」のようになります。

▶ prog0503.c ◀

```
1   /* prog0503.c */
2
3   #include <stdio.h>
4   #include <string.h>
5
6   int main(void)
7   {
8       char str[128];
```

```
 9    int length;
10    int i;
11
12    printf(" 文字列？ ");
13    scanf("%s", str);
14    length = strlen(str);
15
16    // 1 行目の表示
17    for (i = 0; i < length + 2; i++) {
18        printf("+");
19    }
20    printf("¥n");
21
22    // 2 行目の表示
23    printf("+");
24    printf("%s", str);
25    printf("+¥n");
26
27    // 3 行目の表示
28    for (i = 0; i < length + 2; i++) {
29        printf("+");
30    }
31    printf("¥n");
32
33    return 0;
34 }
35
36 実行結果
37 文字列？ abc
38 +++++
39 +abc+
40 +++++
```

5.4 三角関数（sin）の表示

　次は，三角関数（sin, cos, tan）の数表を表示してみましょう。目指す数表は，図 5.4 に示します。左の列から角度，sin 関数，cos 関数，tan 関数の順に表示します。表らしく見えるように，文字 | や - を使ってデコレーションを行います。

```
-----------------------------------------
|  x | sin(x)   | cos(x)   | tan(x)       |
-----------------------------------------
|  0 | 0.000000 | 1.000000 |  0.000000 |
|  1 | 0.017452 | 0.999848 |  0.017455 |
|  2 | 0.034899 | 0.999391 |  0.034921 |
                      :
                   途中省略
                      :
| 88 | 0.999391 | 0.034900 | 28.635991 |
| 89 | 0.999848 | 0.017453 | 57.288901 |
| 90 | 1.000000 | 0.000000 |        ∞ |
-----------------------------------------
```

図 5.4　三角関数の数表

それでは，順番にプログラムを完成していきましょう。プログラムは，prog0504.c です。prog0201.c に加筆修正した部分を太字で示します。三角関数を利用する場合は，プログラムの最初の部分に #include <math.h> を追加します。sin 関数の結果は，double 型になり，変換指定は %f を使います。

▶ **prog0504.c** ◀

```
1   /* prog0504.c */
2
3   #include <stdio.h>
4   #include <math.h>
5
6   int main(void)
7   {
8       printf("%f¥n", sin(0));
9
10      return 0;
11  }
12
13  実行結果
14  0.000000
```

for 文を使って 0° から 90° まで 1° ごとの sin 関数を表示してみましょう。sin 関数の計算は，ラジアンで指定する必要があります。角度をラジアンに変換する場合は，角度に π/180 を掛ける必要があります。以下，プログラムでは π を 3.141592 と表しています。C 言語ではより正確な π は M_PI で表すことができます。プログラムは，prog0505.c です。prog0504.c と異なる部分を太字で示しました。for 文の制御変数 i は，0° から 90° まで 1 ずつ増えますので，角度に利用しています。繰り返しごとに sin 関数の値を求め，表示しています。for 文は for (i = 0; i <= 90; i++) { と書くこともできます。

▶ **prog0505.c** ◀

```
1   /* prog0505.c */
2
3   #include <stdio.h>
4   #include <math.h>
5
6   int main(void)
7   {
8       int i;
9
10      for (i = 0; i < 91; i++) {
11          printf("%f¥n", sin(3.141592 * i / 180.0));
12      }
13
14      return 0;
15  }
16
17  実行結果
18  0.000000
```

```
19  0.017452
20  0.034899
21     :
22  途中省略
23     :
24  1.000000
```

　次は角度も表示し，そのあとに sin 関数の値を表示してみましょう。プログラムは，prog0506.c です。prog0505.c と異なる部分を，太字で示しました。printf 文中の int 型の %2d の 2 は，変数 i を 2 桁の幅で右詰めにして表示する変換指定です。変数 i が 1 桁の場合は，スペースが 1 つ表示された直後に数字が表示されます。表の幅をそろえるときに，よく使います。変数 i が 2 桁を超える場合は，自動的に広がり，表の形がくずれますので注意が必要です。

▶ prog0506.c ◀

```
1   /* prog0506.c */
2
3   #include <stdio.h>
4   #include <math.h>
5
6   int main(void)
7   {
8       int i;
9
10      for (i = 0; i < 91; i++) {
11          printf("%2d %f¥n", i, sin(3.141592 * i / 180.0));
12      }
13
14      return 0;
15  }
16
17  実行結果
18   0 0.000000
19   1 0.017452
20   2 0.034899
21     :
22  途中省略
23     :
24  90 1.000000
```

5.5　三角関数（sin, cos）の表示

　さらに cos 関数の値も表示してみましょう。プログラムは，prog0507.c です。double 型の変数 rad は，角度をラジアンに変換した結果を入れておくための変数です。sin と cos 関数の値を求める度に，ラジアンの値が必要になります。変数 rad を定義することによってラジアンの計算を一度で終えることができ，プログラムが簡潔になります。変数を上手く活用しましょう。プログラムのどこに，何を記述すればよいかを

認識できるようになってください。prog0506.c に加筆した部分を，太字で示しました。

▶ prog0507.c ◀

```
1   /* prog0507.c */
2
3   #include <stdio.h>
4   #include <math.h>
5
6   int main(void)
7   {
8       int i;
9       double rad;
10
11      for (i = 0; i < 91; i++) {
12          rad = 3.141592 * i / 180.0;
13          printf("%2d %f %f¥n", i, sin(rad), cos(rad));
14      }
15
16      return 0;
17  }
18
19  実行結果
20   0 0.000000 1.000000
21   1 0.017452 0.999848
22   2 0.034899 0.999391
23       :
24  途中省略
25       :
26  90 1.000000 0.000000
```

5.6 三角関数 (sin, cos, tan) の表示

最後は tan 関数の値も表示してみましょう。プログラムは，prog0508.c です。cos 関数同様に tan 関数を追加すればよいことになります。prog 0507.c に加筆した部分を，太字で示しました。

▶ prog0508.c ◀

```
1   /* prog0508.c */
2
3   #include <stdio.h>
4   #include <math.h>
5
6   int main(void)
7   {
8       int i;
9       double rad;
10
11      for (i = 0; i < 91; i++) {
12          rad = 3.141592 * i / 180.0;
13          printf("%2d %f %f %f¥n", i, sin(rad), cos(rad), tan(rad));
14      }
15
16      return 0;
```

```
17    }
18
19    実行結果
20     0 0.000000 1.000000 0.000000
21     1 0.017452 0.999848 0.017455
22     2 0.034899 0.999391 0.034921
23        :
24    途中省略
25        :
26    90 1.000000 0.000000 3060023.306953
```

　実行結果が表示されますが，何か変なことに気が付きませんか？　そうです。90°のtan関数の値は無限大になります。しかし，実行結果は3060023.306953になっています。このように数学的に計算できない場合があるにも関わらず，結果を表示してしまいます。計算機の結果が常に正しいと過信してはいけない，典型例です。プログラムを組むうえでは，数学の基礎知識が欠かせません。

　対処方法は，角度を180で割ったときの余りが90になる場合に，∞の文字を表示する例外処理が必要になります。この法則を発見することが重要です。プログラムは，prog0509.cです。prog0508.cに加筆修正した部分を，太字で示しました。使用しているif文は，4.1節で学習済みです。

▶ prog0509.c ◀

```
 1    /* prog0509.c */
 2
 3    #include <stdio.h>
 4    #include <math.h>
 5
 6    int main(void)
 7    {
 8        int i;
 9        double rad;
10
11        for (i = 0; i < 91; i++) {
12            rad = 3.141592 * i / 180.0;
13            // tan の無限大の判定
14            if ((i % 180) == 90) {
15                printf("%2d %f %f ∞¥n", i, sin(rad), cos(rad));
16            } else {
17                printf("%2d %f %f %f¥n", i, sin(rad), cos(rad), tan(rad));
18            }
19        }
20
21        return 0;
22    }
23
24    実行結果
25     0 0.000000 1.000000 0.000000
26     1 0.017452 0.999848 0.017455
27     2 0.034899 0.999391 0.034921
28        :
29    途中省略
```

if 文の条件は，(i % 180) == 90 と記述しました。この部分は，% の方が == よりも演算の優先順位が高いため i % 180 == 90 と記述することもできます。一見冗長に見えますが，( ) を付けることによって演算の優先順位が明確になり，わかりやすいプログラムになります。

5.7　三角関数（sin，cos，tan）表の表示

5章は，デコレーションの技術を習得することが目的です。三角関数表を，文字 - と | を使って表らしく見えるようにデコレーションしてみましょう。表を作るために，横線を表示する部分，タイトルを表示する部分，角度と三角関数の値を表示する部分の3つに分けて考えることにします。プログラムは，prog0510.c です。prog0509.c に加筆修正した部分を，太字で示しました。%9.6f の変換指定は，9桁の幅で小数点以下6桁まで表示する指定です。表の幅をそろえるために，利用します。

▶ prog0510.c ◀

```c
/* prog0510.c */

#include <stdio.h>
#include <math.h>

int main(void)
{
    int i;
    double rad;
    printf("----------------------------------------¥n"); // - を40個表示
    printf("| x | sin(x)   | cos(x)   | tan(x)    |¥n");
    printf("----------------------------------------¥n");

    for (i = 0; i < 91; i++) {
        rad = 3.141592 * i / 180.0;
        // tan の無限大の判定
        if ((i % 180) == 90) {
            printf("| %2d | %f | %f |           ∞ |¥n", i, sin(rad),
                cos(rad));
        } else {
            printf("| %2d | %f | %f | %9.6f |¥n", i, sin(rad),
                cos(rad), tan(rad));
        }
    }
    printf("----------------------------------------¥n");

    return 0;
}
```

```
30  実行結果
31  -------------------------------------------
32  |  x | sin(x)   | cos(x)   | tan(x)   |
33  -------------------------------------------
34  |  0 | 0.000000 | 1.000000 |  0.000000 |
35  |  1 | 0.017452 | 0.999848 |  0.017455 |
36  |  2 | 0.034899 | 0.999391 |  0.034921 |
37            :
38  途中省略
39            :
40  | 88 | 0.999391 | 0.034900 | 28.635991 |
41  | 89 | 0.999848 | 0.017453 | 57.288901 |
42  | 90 | 1.000000 | 0.000000 |        ∞ |
43  -------------------------------------------
```

5.8 正方形の表示

　次は，キーボードから入力した整数が縦横の文字数になる正方形を表示してみましょう。なお，行間の関係から縦長の長方形に見えますが，良しとします。プログラムは，prog0511.c です。for 文の繰り返しの対象となるブロック（{ } で囲まれた部分）が，さらに for 文になる構造です。このような for 文を二重の for 文と呼びます。なお，ブロックの中は，1 段，字下げする作法を守ってください。{ } を 1 組先に入力し，{ } の中に改行を入れ，字下げしてからブロックの内容を入力するように習慣付けておくと，} の入れ忘れを防止できます。ささいなことですが，効果てきめんです。

▶ **prog0511.c** ◀

```c
1   /* prog0511.c */
2
3   #include <stdio.h>
4
5   int main(void)
6   {
7       int i;        // 行数のカウント
8       int j;        // 文字数のカウント
9       int w;        // 正方形の幅
10
11      printf("正方形の幅？ ");
12      scanf("%d", &w);
13
14      for (i = 0; i < w; i++) {
15          for (j = 0; j < w; j++) {
16              printf("*");
17          }
18          printf("¥n");
19      }
20
21      return 0;
22  }
23
24  実行結果
```

printf("*"); は 1 文字を表示する putchar 関数を用いて putchar('*'); と記述することもできます。putchar 関数は，1 文字を表示するための関数です。同様に printf("¥n"); は putchar('¥n'); と記述することもできます。どちらを使ってもかまいません。ここで，printf 関数では文字列を指定するため，"（ダブルクォーテーション）を使いますが，putchar 関数では文字を指定するため，'（シングルクォーテーション）を使います。つまり，"a" は文字列を，'a' は文字を表します。文字列は，文字がつながったのもで "abc" などが該当します。"a" は 1 文字の文字列になり，最後にナル（ヌル）文字が付いています。'a' にはナル（ヌル）文字は付いていません。

5.9 チェッカー模様の表示

キーボードから入力した整数が縦横の文字数になる，チェッカー模様を表示してみましょう。ここでの法則は，何行目かを示す変数 i と何列目かを示す変数 j の和を 2 で割ったときの余りが 0 になる場合に * を表示し，0 でない場合には半角のスペースを表示することです。この法則は，いわれてみれば納得できますが，なかなか思い付かないものです。覚えておくとよいでしょう。プログラムは，prog0512.c です。prog0511.c に加筆修正した部分を，太字で示しました。

▶ prog0512.c ◀

```
 1  /* prog0512.c */
 2
 3  #include <stdio.h>
 4
 5  int main(void)
 6  {
 7      int i;          // 行数のカウント
 8      int j;          // 文字数のカウント
 9      int w;          // 正方形の幅
10
11      printf(" 正方形の幅？ ");
12      scanf("%d", &w);
13
14      for (i = 0; i < w; i++) {
15          for (j = 0; j < w; j++) {
16              if (((i + j) % 2) == 0) {
17                  printf("*");
18              } else {
19                  printf(" ");
```

```
20              }
21           }
22           printf("¥n");
23        }
24
25        return 0;
26  }
27
28  実行結果
29  正方形の幅？ 10
30  * * * * *
31   * * * * *
32  * * * * *
33   * * * * *
34  * * * * *
35   * * * * *
36  * * * * *
37   * * * * *
38  * * * * *
39   * * * * *
```

5.10 絵文字 X の表示

デコレーションの考え方を発展させ，図 5.5 に示す絵文字 X を表示し
てみましょう。キーボードから入力した奇数の値が縦横の行数と文字数
になります。ここでは入力する値は，3 以上の奇数とします。まず法則
を発見してみましょう。図 5.5 は入力した数が 9 の場合です。

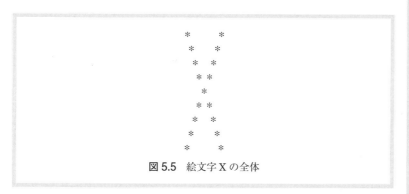

図 5.5　絵文字 X の全体

このプログラムは，上から下に向かって 1 行ずつ表示する中で，同
一の法則が適用できる部分を発見し，これらを分けて考えます。以下の
考え方は一例です。別解もありますので，みなさんで法則を発見してみ
てください。

ここでは 3 つの部分に分けて考えます。最初は，* が 1 行に 2 つ存在
する上部の部分です。この例では図 5.6 の 4 行が該当します。

次は，* が 1 行に 1 つ存在する真ん中の部分で，図 5.7 に示します。

最後は，* が 1 行に 2 つ存在する下部の部分で，図 5.8 に示します。
これは図 5.6 に示した上部の部分の逆の表示になっています。

```
                    *       *
                     *     *
                      *   *
                       * *
```

図 5.6　絵文字 X の上の部分

```
                       *
```

図 5.7　絵文字 X の真ん中の部分

```
                      * *
                     *   *
                    *     *
                   *       *
```

図 5.8　絵文字 X の下の部分

　図 5.6 の 4 行に着目し，掘り下げていきましょう。各行は半角のスペースと * を表示することの組み合わせで成り立っていることがわかります。特に先頭行は * から始まるので，先頭部分の半角のスペースが 0 になっていることに気付くことが重要です。

- 先頭行は，半角のスペースは 0，* が 1 つ，半角のスペースは 7，* が 1 つです。
- 2 行目は，半角のスペースは 1，* が 1 つ，半角のスペースは 5，* が 1 つです。
- 3 行目は，半角のスペースは 2，* が 1 つ，半角のスペースは 3，* が 1 つです。
- 4 行目は，半角のスペースは 3，* が 1 つ，半角のスペースは 1，* が 1 つです。

　この特徴をとらえるために，半角のスペース，*，半角のスペース，* の個数のみに着目し，この順番に数字を列挙すると，以下のように表現できます。各行の数字は，文字を横に表示するために必要な繰り返しの回数（文字数）を示しています。

- 0 1 7 1　（1 行目，すなわち $i = 0$ のとき）
- 1 1 5 1　（2 行目，すなわち $i = 1$ のとき）
- 2 1 3 1　（3 行目，すなわち $i = 2$ のとき）
- 3 1 1 1　（4 行目，すなわち $i = 3$ のとき）

　では，prog0512.c を書き換え，最初に，上部の部分を表示するために必要な行数を求めてみましょう。キーボードから入力した奇数が 9 の場合の行数は 4 行です。4 行は，9 を 2 で割った商と一致します。整数同

士の割り算は，小数点以下が切り捨てられます。プログラムは，prog 0513.c です。以上の法則を for 文で記述します。prog0512.c に加筆した部分を，太字で示しました。w / 2 によって繰り返しの回数を決めています。この段階でプログラムを実行できますが，キーボードから数字を入力する部分だけが実行結果として表示されます。

▶ prog0513.c ◀

```
1   /* prog0513.c */
2
3   #include <stdio.h>
4
5   int main(void)
6   {
7       int i;
8       int w;
9
10      printf("Xの幅？ ");
11      scanf("%d", &w);
12
13      // Xの上部
14      for (i = 0; i < w / 2; i++) {
15      }
16
17      return 0;
18  }
19
20  実行結果
21  Xの幅？ 9
```

　次は，図5.6の各行を表示する部分を考えます。この部分は，prog 0513.c で作成した for 文のブロックの中に記述します。for 文のブロックの中に，さらに for 文が入る複雑な構造になります。prog0513.c で作成した for 文は外側の for 文，そのブロックの中に入る for 文は内側の for 文といいます。このような構造は入れ子（ネスト）といいます。

　各行の先頭の数字，すなわち1番目の数字は 0，1，2，3 と1ずつ増えています。半角のスペースを表示する繰り返し回数が，この数になるように for 文の構造を記述すると for (j = 0; j < i; j++) { } になります。外側の for 文の制御変数 i が，繰り返しの数に一致しますので，これを利用しています。

　2番目の数字は，常に1です。これは * を表示する部分です。

　3番目の数字は，7から順に小さい奇数になっています。半角のスペースを表示する繰り返し回数が，このような数になるように for 文の構造を記述すると for (j = 0; j < w - 2 * (i + 1); j++) { } になります。少々複雑ですが，外側の for 文の制御変数 i と入力した数 w を使って実現できます。

　4番目の数字は，常に1です。これは * を表示する部分です。

これらの部分をプログラムで記述すると、以下のようになります。プログラムは、prog0514.c です。prog0513.c と異なる部分は、太字で示しました。

▶ prog0514.c ◀

```
1   /* prog0514.c */
2
3   #include <stdio.h>
4
5   int main(void)
6   {
7       int i;
8       int j;
9       int w;
10
11      printf("Xの幅？ ");
12      scanf("%d", &w);
13
14      // Xの上部
15      for (i = 0; i < w / 2; i++) {
16          for (j = 0; j < i; j++) {          // 1番目の数字
17              putchar(' ');
18          }
19          putchar('*');                      // 2番目の数字
20          for (j = 0; j < w - 2 * (i + 1); j++) {  // 3番目の数字
21              putchar(' ');
22          }
23          putchar('*');                      // 4番目の数字
24          putchar('¥n');                     // 改行
25      }
26
27      return 0;
28  }
29
30  実行結果
31  Xの幅？ 9
32  *       *
33   *     *
34    *   *
35     * *
```

次に、図5.7 を考えてみましょう。この部分は、簡単です。半角のスペースの個数と、これに続く * の個数を列挙すると以下のようになります。これが法則です。

・4 1

先頭の数字は 4 です。この数は、キーボードから入力した数 9 を 2 で割った商になります。半角のスペースを表示するプログラムを for 文で記述すると for (i = 0; i < w / 2; i++) { } になります。

2番目の数字は、常に 1 です。これは * を表示する部分です。

図5.7 の部分をプログラムで記述すると、以下のようになります。プログラムは、prog0515.c です。prog0514.c と異なる部分は、太字で示しました。

```
1    /* prog0515.c */
2
3    #include <stdio.h>
4
5    int main(void)
6    {
7        int i;
8        int j;
9        int w;
10
11       printf("Xの幅？ ");
12       scanf("%d", &w);
13
14       // prog0514.cのXの上部と同じため省略
15
16       // Xの真ん中
17       for (i = 0; i < w / 2; i++) {        // 1番目の数字
18           putchar(' ');
19       }
20       putchar('*');                        // 2番目の数字
21       putchar('¥n');                       // 改行
22
23       return 0;
24   }
25
26   実行結果
27   Xの幅？ 9
28   *       *
29    *     *
30     *   *
31      * *
32       *
```

　最後に図5.8の部分を考えてみましょう。図5.8の部分は，図5.6の部分と逆順になっています。半角のスペース，*，半角のスペース，*の個数のみに着目し，この順番に数字を列挙すると，以下のように表現できます。

- 3 1 1 1 （1行目，すなわち $i = 0$ のとき）
- 2 1 3 1 （2行目，すなわち $i = 1$ のとき）
- 1 1 5 1 （3行目，すなわち $i = 2$ のとき）
- 0 1 7 1 （4行目，すなわち $i = 3$ のとき）

　各行の先頭の数字は，3, 2, 1, 0 と1ずつ減っています。半角のスペースを表示する繰り返し回数が，このような数になるように for 文の構造を記述すると for (j = 0; j < w / 2 - (i + 1); j++) { } になります。少々複雑ですが，外側の for 文の制御変数 i と入力した数 w を使って実現できます。

　2番目の数字は，常に1です。これは * を表示する部分です。

　3番目の数字は，1から順に奇数が表示されています。半角のスペースを表示する繰り返し回数が，このような数になるように for 文の構

造を記述すると for (j = 0; j < 2 * i + 1; j++) { } になります。外側の for 文の制御変数 i を使って実現できます。

4番目の数字は，常に1です。これは * を表示する部分です。

これらの部分をプログラムで記述すると，以下のようになります。プログラムは，prog0516.c です。prog0515.c と異なる部分は，太字で示しました。

▶ prog0516.c ◀

```
 1  /* prog0516.c */
 2
 3  #include <stdio.h>
 4
 5  int main(void)
 6  {
 7      int i;
 8      int j;
 9      int w;
10
11      printf("Xの幅？ ");
12      scanf("%d", &w);
13
14      // prog0515.cのXの上部と同じため省略
15      // prog0515.cのXの真ん中と同じため省略
16
17      // Xの下部
18      for (i = 0; i < w / 2; i++) {
19          for (j = 0; j < w / 2 - (i + 1); j++) {   // 1番目の数字
20              putchar(' ');
21          }
22          putchar('*');                              // 2番目の数字
23          for (j = 0; j < 2 * i + 1; j++) {          // 3番目の数字
24              putchar(' ');
25          }
26          putchar('*');                              // 4番目の数字
27          putchar('¥n');                             // 改行
28      }
29
30      return 0;
31  }
32
33  実行結果
34  Xの幅？ 9
35  *       *
36   *     *
37    *   *
38     * *
39      *
40     * *
41    *   *
42   *     *
43  *       *
```

この章ではデコレーションの考え方について説明しました。法則を発見し，繰り返しを活用することによって，絵文字のXは3以上の奇数に対して，大きさを自由に変更できるようになりました。同様に，ほか

の絵文字についても考えることができます。ぜひ，ためしてください。

　この調子でプログラムを作り続けると，main 関数がどんどん長くなります。プログラムをまとまりのある機能ごとに細分化し，便利なツール（道具）や部品を作ること，すなわち関数を定義することが重要です。これについては，6 章で学びます。

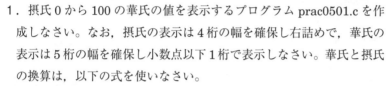

練習問題

1. 摂氏 0 から 100 の華氏の値を表示するプログラム prac0501.c を作成しなさい。なお，摂氏の表示は 4 桁の幅を確保し右詰めで，華氏の表示は 5 桁の幅を確保し小数点以下 1 桁で表示しなさい。華氏と摂氏の換算は，以下の式を使いなさい。

$$9.0 \div 5.0 \times 摂氏 + 32.0$$

2. 絵文字 T を表示するプログラム prac0502.c を作成しなさい。ただし，T の幅は 3 以上の奇数とすること。

3. 実行結果に示すような逆三角形の形状を表示するプログラム prac0503.c を作成しなさい。

```
実行結果
高さ？ 5
*********
 *******
  *****
   ***
    *
```

4. 実行結果に示すような n の平方根の表を表示するプログラムを作成しなさい。なお，n の平方根は，sqrt(n) で計算できる（math.h のインクルードが必要）。

```
実行結果
-------------
|n | √n     |
-------------
| 1|1.000000|
| 2|1.414214|
| 3|1.732051|
| 4|2.000000|
| 5|2.236068|
| 6|2.449490|
| 7|2.645751|
| 8|2.828427|
| 9|3.000000|
|10|3.162278|
-------------
```

1. 文字列

文字列は文字（char）の配列として宣言する。

```
char str[100];   // 最大長 99 の文字列の宣言
```

- 文字列の最後にはナル（ヌル）文字（値 0）
- 長さ N の文字列を入れる配列の大きさは N+1
- 文字列のキー入力は scanf 関数で書式文字列は %s

```
printf(" 文字列? ");      // プロンプト表示
scanf("%s", str);       // 文字列のキー入力
                            (& 不要)
```

- 文字列の表示は printf 関数で書式文字列は %s

```
printf(" 文字列 %s¥n", str);
```

- 文字列の長さは strlen 関数で取得
- string.h のインクルードを追加

```
#include<string.h> //strlenを使う場合, 必要
- - -
int length;
char str[100];
scanf("%s", str);   //strに文字列をキー入力
length = strlen(str);
                //lengthにstrの文字長を代入
```

2. 数学関数

- math.h のインクルードを追加
- 三角関数は sin, cos, tan 関数で取得
- 角度はラジアンで指定
- M_PI は円周率 π を正確に表す定数

```
#include <math.h> // 数学関数で必要
- - -
int d;
double x;
x = sin(d * M_PI / 180);
                //dは角度 (0〜360)
```

3. printf 関数の数値表示書式の桁数指定

- %d や %f では表示桁数の指定が可能

```
%3d は整数を 3 桁で右詰めで表示
    3    → "  3"    前に空白 2 つ
    1230 → "1230"   3 桁は表示できない
    -2   → " -2"    空白, -, 2 の順に表示
%10.6f は実数を 10 桁で小数以下 6 桁で表示
    15.3   → " 15.300000"   前に空白 1
    3.1416 → "  3.141600"   前に空白 2
    -15.3  → "-15.300000"   前に空白 0
```

4. いろいろな模様の表示

i, j, w は整数型の変数で, w は模様の幅である。

(1) 正方形模様の表示

- 「* を w 個表示して改行」を w 回繰り返すと正方形

```
for (i=0; i<w; i++) { // 以下をw回繰り返す
  for (j=0; j<w; j++) // * をw個表示
    printf("*");
  printf("¥n");        // その後改行を表示
}
```

(2) チェッカー模様の表示

- 正方形で * と空白を交互に出すとチェッカー模様

```
for (i=0; i<w; i++) {
                      // 以下をw回繰り返す
  for (j=0; j<w; j++) {
                      // 以下をw回繰り返す
    if (((i+j)%2) == 0)
                      //* と空白を交互に表示
      printf("*");
    else
      printf(" ");
  }
  printf("¥n");        // 改行を表示
}
```

(3) 簡単な絵文字 X の表示（少し上級）

- (2) の if 文を以下に変更すると絵文字 X が表示
- 「i==j」が左上→右下の線, 「i+j==w-1」が右上→左下の線を指定

```
if ((i==j) || (i+j == w-1))
```

(4) 三角形の表示（応用）

- 「n 個の空白と m 個の * を表示し改行」を繰り返す
- m と n を以下のように変化させる

```
int i,j,h;   //h: 高さ      h=4 のときの結果
for (i=0; i<h; i++) {             空白    *
  for (j=0; j<h-i-1;       ---------------
            j++)            *      3    1
    putchar(' ');          ***     2    3
  for (j=0; j<i*2+1;       *****   1    5
            j++)           *******  0    7
    putchar('*');
  putchar('¥n');
}
```

- putchar 関数は 1 文字を表示
- 文字列は "a"（ダブルクォーテーションで囲む）
- 文字は 'a'（シングルクォーテーションで囲む）

```
char ch;              //ch は 1 文字の変数
putchar(ch);          //1 文字表示命令
putchar('*');         //printf("*"); と同じ
putchar('¥n');        //printf("¥n"); と同じ
```

第6章

便利なツールや部品の作成

　5章では，aという1文字があったときに，その四方八方を＋で囲むためのプログラムを学びました。このプログラムを考えるために，法則を発見することを説明し，その法則を適用してプログラムを記述しました。完成したプログラム prog0503.c を振り返ってみると，同じようなプログラムの記述があることに気付きます。この調子でプログラムを作り続けると，main 関数が肥大化し，保守性が低下します。ときどき，学生さんがプログラムの自慢話をしているときに，その行数を競いあっている光景に遭遇します。プログラムは，長ければよいというものではありません。一般的にプログラムが長くなればなるほど，図 6.1 に示すように誤り（バグといいます）が多く含まれるようになります。バグは虫（Bug）を意味します。これを取り除くことを，デバッグ（Debug）

図 6.1　プログラムにはいろいろなバグ（Bug）が付きもの

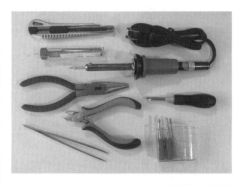
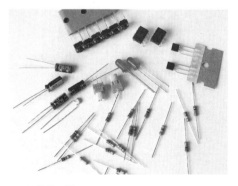

図 6.2　便利なツールや部品の例

といいます。特に大規模なプログラムを作る場合に，バグは深刻な問題になります。

　これを軽減する方法の1つが，プログラムを機能ごとに細分化し，それらの機能を実現する関数を定義することです。この関数を作ることが，本章のテーマである，「便利なツールや部品の作成」にほかなりません。一例ですが，実世界では図 6.2 に示すようなツールや部品があります。もちろんこれらを C 言語で作るわけではありませんが，便利なツールや部品，すなわち関数をどんどん増やしてプログラムを組めることが，C 言語の醍醐味になります。

6.1　ツールや部品の名前

　5章の最初に登場したプログラム prog0503.c を取り上げ，関数を使って記述してみましょう。完成したプログラムは，prog0607.c になります。まずは，2つのプログラムを見比べてください。5.1 節の法則の発見で述べたとおり，図 5.2 の (a) から (c) の1行目と3行目は同じ表示です。prog0503.c の main 関数では，同じプログラムが2回記述されています。そして，この同じプログラムの間に2行目の表示があります。これらの2種類の行を表示するプログラムは，おのおのまとまった処理と考えることができます。

　1行目と3行目の処理は，drawLine1 と呼ぶことにします。2行目の処理は，drawLine2 と呼ぶことにします。Draw は描くこと，Line は線を意味します。複数の英単語をつなげて名前を付けています。話がそれますが，複数の英単語をつなげるときに，各単語の最初の文字を大文字にしてつなげる記法をキャメルケース（Camelcase）といいます。キャメル（Camel）はらくだです。DrawLine の大文字の部分が，「らくだのこぶ」のように見えることから，こう呼ばれています。

　C 言語では先頭の英単語は小文字で記述することが一般的ですので，drawLine にしました。最後の数字は drawLine を区別するために付けました。もちろん，語順を逆にして lineDraw でも C 言語の文法では大丈夫ですが，「線を描く」を英語の語順で記述しておく方がわかりやすいです。ときどき，ローマ字と英語が混ざったプログラムを見かけますが，英語表記に統一した方が読みやすくスマートです。

　自分で作ったプログラムでも，2週間も経過すると，内容を忘れてしまいます。わかりやすい名前を付けておくと，振り返ることが容易になります。さらに，第三者が見てもわかりやすい記述にしておくことは，大変重要なことです。

さて，部品 drawLine1 と drawLine2 の名前が決まりました。C言語ではこれを関数として定義します。関数の名前が決まると，prog0601.c に示すひな型ができあがります。このプログラムはコンパイル，実行を行えますが，この段階では実行しても何も表示されません。

▶ prog0601.c ◀

```
 1  /* prog0601.c */
 2
 3  #include <stdio.h>
 4
 5  void drawLine1()
 6  {
 7  }
 8
 9  void drawLine2()
10  {
11  }
12
13  int main(void)
14  {
15      return 0;
16  }
```

関数名は異なりますが，main 関数と形が似ていますね。関数名の前の void は返却値がないことを意味します。詳しくは 6.4 節で説明します。関数名のあとにある（ ）は，引数を受け取るために使います。関数が必要な情報を受け取る仕組みが引数です。{ }で囲まれた部分は，関数のブロックです。{ }を1組入力し，上下に並ぶように配置しておきます。この配置は，大変重要です。drawLine1 関数と drawLine2 関数の定義は，一般的に main 関数よりも前に記述します。

6.2 関数の実装

次は，関数のブロックの中身を記述します。このことを，実装（Implementation）といいます。まず，drawLine1 関数を考えてみましょう。5章で出てきたプログラム prog0503.c の該当する部分は，以下となります。

```
for (i = 0; i < length + 2; i++) {
    printf("+");
}
printf("\n");
```

パッチワークのように該当部分をコピー＆ペーストして drawLine1 関数のブロックの中に入れると，prog0602.c のようになります。該当

する部分は，太字で示しました。{　}で囲まれている部分は，1段字下
げするのが作法です。このようにパッチワークだけでプログラムを組め
ればよいのですが，通常は上手くいきません。プログラミングを学習し
始めた頃は，このようなパッチワークになりがちで，コンパイルの結果
に示すようにエラーを多発している人が多く見受けられます。

▶ prog0602.c ◀

```
1    /* prog0602.c */
2
3    #include <stdio.h>
4
5    void drawLine1()
6    {
7        for (i = 0; i < length + 2; i++) {
8            printf("+");
9        }
10       printf("¥n");
11   }
12
13   void drawLine2()
14   {
15   }
16
17   int main(void)
18   {
19       return 0;
20   }
21
22   コンパイルの結果
23   prog0602.c: In function 'drawLine1':
24   prog0602.c:9:10: error: 'i' undeclared (first use in this function)
25       for (i = 0; i < length + 2; i++) {
26                  ^
27   prog0602.c:9:10: note: each undeclared identifier is reported only
28       once for each function it appears in
29   prog0602.c:9:21: error: 'length' undeclared (first use in this function)
30       for (i = 0; i < length + 2; i++) {
```

　上手くいかない理由は，変数 i と変数 length が，drawLine1 関数
の中で未定義になっているためです。そのことがエラーメッセージに表
示されています。エラーメッセージの内容を理解できるようになるため
には，たくさんエラーを経験し，一歩ずつ乗り越えていくしかありませ
ん。ここが初学者にとって辛いところです。

　おのおの関数は独立しており，main 関数の中の変数は，drawLine1
関数の中では使えません。変数 length は，仮引数として宣言します。
情報を受け取る側の引数のことを，仮引数（かりひきすう）といいます。一方，関数を呼
び出す側の引数は実引数（じつひきすう）といい，区別しています。for 文の制御変数 i
は，関数のブロックの先頭で宣言します。prog0602.c に加筆した部分は，
太字で示しました。プログラムは prog0603.c です。これで，コンパイ
ル結果にエラーは表示されなくなりました。実行できますが，実行結果

には何も表示されません。

▶ prog0603.c ◀

```
1   /* prog0603.c */
2
3   #include <stdio.h>
4
5   void drawLine1(int length)
6   {
7       int i;
8
9       for (i = 0; i < length + 2; i++) {
10          printf("+");
11      }
12      printf("¥n");
13  }
14
15  void drawLine2()
16  {
17  }
18
19  int main(void)
20  {
21      return 0;
22  }
```

drawLine1 関数を実行するためには，main 関数の中からは，drawLine1 関数を呼び出す必要があります。プログラム prog0503.c の該当する部分を抜き出すと，以下となります。

```
char str[128];
int length;

printf(" 文字列？ ");
scanf("%s", str);
length = strlen(str);
```

その内容を加筆修正した部分は，prog0604.c に太字で示しました。main 関数の中から，drawLine1 関数を呼び出す部分は drawLine1 (length); と記載します。小括弧（ ）の中の length は実引数です。drawLine1 関数を呼び出すときに，実引数の値が仮引数へ渡され（コピーされ），実行が drawLine1 関数のブロックに移ります。drawLine1 関数のブロックの実行が完了したら，main 関数の drawLine1 関数を呼び出したところに戻り，次の処理に進みます。実行結果に示す表示が出ます。

▶ prog0604.c ◀

```
1   /* prog0604.c */
2
3   #include <stdio.h>
```

```
 4  #include <string.h>
 5
 6  void drawLine1(int length)
 7  {
 8      int i;
 9
10      for (i = 0; i < length + 2; i++) {
11          printf("+");
12      }
13      printf("¥n");
14  }
15
16  void drawLine2()
17  {
18  }
19
20  int main(void)
21  {
22      char str[128];
23      int length;
24
25      printf(" 文字列? ");
26      scanf("%s", str);
27      length = strlen(str);
28
29      drawLine1(length);
30
31      return 0;
32  }
33
34  実行結果
35  文字列? abc
36  +++++
```

　同様に，drawLine2 関数を考えてみましょう。プログラム prog0503.c の該当する部分を抜き出すと，以下となります。

```
printf("+");
printf("%s", str);
printf("+¥n");
```

　drawLine2 関数のブロックの中に入れると，prog0605.c のようになります。該当する行は，太字で示しました。コンパイルを行うと先ほど同様に上手くいきません。

▶ prog0605.c ◀

```
 1  /* prog0605.c */
 2
 3  #include <stdio.h>
 4  #include <string.h>
 5
 6  // prog0604.c の drawLine1 関数の定義と同じため省略
 7
 8  void drawLine2()
 9  {
10      printf("+");
```

```
11      printf("%s", str);
12      printf("+¥n");
13  }
14
15  // main 関数の定義と同じため省略
16
17  コンパイル結果の例
18  prog0605.c: In function 'drawLine2':
19  prog0605.c:21:18: error: 'str' undeclared (first use in this function);
20      did you mean 'wcsstr'?
21      printf("%s", str);
22                    ^~~
23                    wcsstr
24  prog0605.c:21:18: note: each undeclared identifier is reported only
25      once for each function it appears in
```

エラーの原因は，drawLine2 関数の中で変数 str が未定義になっているためです。変数 str は，仮引数として宣言します。加筆した部分は，prog0606.c に太字で示しました。str は文字列を文字型の配列で受け取りますので，[ ] を付けます。[ ] は，仮引数が配列であることを示すものです。なお，仮引数に配列を書く場合は配列のサイズ（配列の要素の総数）は省略します。

main 関数の中から drawLine2 関数を呼び出す部分は，drawLine2 (str); と記述します。小括弧の中の str は実引数です。str は配列ですので drawLine2 関数を呼び出すときに，実引数の値が仮引数へ渡され（コピーされ）ます。後述（6.5 節と 7.19 節）するように，配列の実引数と仮引数は同じ記憶領域を参照します。実行が drawLine2 関数のブロックに移り，drawLine2 関数のブロックの実行が完了したら，main 関数の drawLine2 関数を呼び出したところに戻り，その次の処理に進みます。実行結果に示す表示が出ます。

▶ prog0606.c ◀

```
1   /* prog0606.c */
2
3   #include <stdio.h>
4   #include <string.h>
5
6   // prog0605.c の drawLine1 関数の定義と同じため省略
7
8   void drawLine2(char str[ ])
9   {
10      printf("+");
11      printf("%s", str);
12      printf("+¥n");
13  }
14
15  int main(void)
16  {
17      char str[128];
18      int length;
19
20      printf(" 文字列？ ");
```

```
21      scanf("%s", str);
22      length = strlen(str);
23
24      drawLine1(length);
25      drawLine2(str);
26
27      return 0;
28  }
29
30  実行結果
31  文字列？ abc
32  +++++
33  +abc+
```

6.3 関数を組み込んだプログラムの完成

実行結果を見ると，何か足りませんね。そうです，先頭行と同じ表示が最後に抜けています。完成したプログラムは prog0607.c です。プログラム prog0606.c に，加筆修正した部分を太字で示しました。

▶ prog0607.c ◀

```
1   /* prog0607.c */
2
3   #include <stdio.h>
4   #include <string.h>
5
6   // prog0606.c の drawLine1 関数の定義と同じため省略
7
8   // prog0606.c の drawLine2 関数の定義と同じため省略
9
10  int main(void)
11  {
12      char str[128];
13      int length;
14
15      printf("文字列？ ");
16      scanf("%s", str);
17      length = strlen(str);
18
19      drawLine1(length);
20      drawLine2(str);
21      drawLine1(length);
22
23      return 0;
24  }
25
26  実行結果
27  文字列？ abc
28  +++++
29  +abc+
30  +++++
```

drawLine1 関数と drawLine2 関数を定義したことによって，main 関数の中は，これらを適切な順番で呼び出すだけで済みます。また，

drawLine1 関数を 2 回呼び出すことができ，main 関数はさらに短い
記述になりました。

6.4　引数と返却値の概念

　引数と返却値は，初学者にとって難しい概念の 1 つです。一例ですが，
図 6.3 に示すゲームマシンを関数に例えてみましょう。このゲームマシ
ンを利用するためには，お金を入れます。このお金が引数に相当します。
ゲームが始まり，ゲームマシンのディスプレイに表示される映像，ス
ピーカから出る音，振動等が体に伝わり，これらをゲームで楽しむこと
になります。やがてゲームは終了しますが，景品は出てきません。景品
が出てこないことが void に相当します。関数名の前に付いている void
は，C 言語では返却値がないことを意味します。void が付かない関数
の例は，7 章から 11 章でたくさん出てきますので，楽しみにしておい
てください。

図 6.3　ゲームマシン（void が付いている関数の例）

6.5　実引数と仮引数の記憶領域の様子

　実引数と仮引数の関係は，記憶領域の中でどのように扱われているの
かを理解しておくことが重要です。図 6.4 は，実引数と仮引数の記憶領
域の様子を示したものです。prog0607.c の各関数の宣言は，四角で囲
みました。このプログラムは，3 つの関数からできあがっていることが
わかります。前述したとおり，関数は独立しているため，関数の間で情

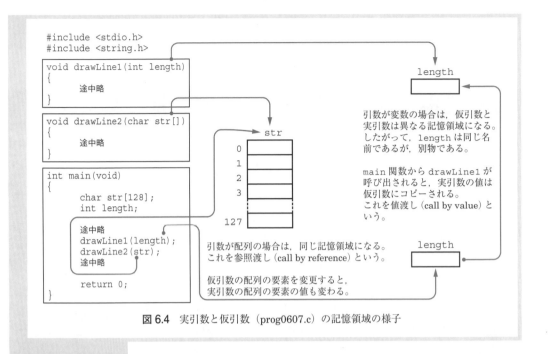

```
#include <stdio.h>
#include <string.h>

void drawLine1(int length)
{
        途中略
}

void drawLine2(char str[])
{
        途中略
}

int main(void)
{
        char str[128];
        int length;

        途中略
        drawLine1(length);
        drawLine2(str);
        途中略

        return 0;
}
```

引数が変数の場合は，仮引数と実引数は異なる記憶領域になる。したがって，length は同じ名前であるが，別物である。

main 関数から drawLine1 が呼び出されると，実引数の値は仮引数にコピーされる。これを値渡し（call by value）という。

引数が配列の場合は，同じ記憶領域になる。これを参照渡し（call by reference）という。

仮引数の配列の要素を変更すると，実引数の配列の要素の値も変わる。

図 6.4 実引数と仮引数（prog0607.c）の記憶領域の様子

報をやり取りする仕組みが必要になり，これが引数です。引数が変数の場合は，実引数と仮引数は異なる記憶領域になります。関数が呼び出されると，実引数の値が仮引数へコピーされます。一方，引数が配列の場合は，実引数の参照が仮引数へ渡され（コピーされ），同じ記憶領域になります。このあとに出てくるプログラムも仕組みは同じです。図 6.4 を振り返りながら，実引数と仮引数の理解を深めるようにしてください。

　このように，プログラムを機能のまとまりごとに適切に細分化することによって，便利なツールや部品（すなわち関数）を作ることができ，main 関数がわかりやすく簡潔になりました。定義した関数は，与えられた機能だけを実現すればよく，余計なことを考える必要もなくなりました。prog0607.c と prog0503.c は同じ結果を表示するプログラムですが，prog0607.c は prog0503.c よりも信頼性と可読性が向上しています。このことが，バグを減らせる原理になります。

6.6　ツールを使った三角関数表の作成

　次は，三角関数表の表示を行うプログラム prog0510.c に関数を適用してみましょう。完成したプログラムは，prog0609.c になります。2 つのプログラムを見比べながら説明していきます。機能のまとまりをどのようなツールや部品として考えるかは，プログラムを作る人に任されます。ここでは，drawLine 関数，printTitle 関数，printTrigonometric

関数の3つに分けることにします。

まず，drawLine 関数です。これは，以下のように三角関数表の横線を引く部分を担当します。

```
------------------------------------------
```

次に printTitle 関数です。これは，以下のように三角関数表のタイトルを表示する部分を担当します。

```
------------------------------------------
|  x | sin(x)  | cos(x)  | tan(x)    |
------------------------------------------
```

最後は，printTrigonometric 関数です。これは，以下のように三角関数の値を表示する部分を担当します。

```
|  0 | 0.000000 | 1.000000 |  0.000000 |
```

ただし，90°の tan 関数の値は無限大になりますので，その表示も行います。

```
| 90 | 1.000000 | 0.000000 |         ∞ |
```

以上，関数の名前が決まることによって，以下のひな型 prog0608.c ができあがります。

▶ prog0608.c ◀

```c
 1  /* prog0608.c */
 2
 3  #include <stdio.h>
 4
 5  void drawLine()
 6  {
 7  }
 8
 9  void printTitle()
10  {
11  }
12
13  void printTrigonometric()
14  {
15  }
16
17  int main(void)
18  {
19      return 0;
20  }
```

それでは drawLine 関数を実装してみましょう。ブロックの中に，prog0510.c から抜き出した printf 関数を貼り付けるだけです。この場合は，変数や配列がないので，パッチワークが上手くいきます。つまり引数がない関数です。該当部分の行は，太字で示しました。紙面の都合で，drawLine 関数の定義以外は省略しました。

```
void drawLine(void)
{
    printf("-------------------------------------------¥n");
}
```

次は，printTitle 関数を実装してみましょう。ブロックの中に，prog0510.c から抜き出した printf 関数を貼り付けるだけです。この場合も，drawLine 関数と同様にパッチワークが上手くいきます。これも引数がない関数です。該当する行は，太字で示しました。紙面の都合で，printTitle 関数の定義以外は省略しました。

```
void printTitle(void)
{
    printf("-------------------------------------------¥n");
    printf("|   x |  sin(x)   |  cos(x)   |  tan(x)   |¥n");
    printf("-------------------------------------------¥n");
}
```

ここでは，もう一工夫行います。printTitle 関数の中から drawLine 関数を呼び出すことによって，さらに簡潔に記述できます。関数は main 関数以外の関数からも呼び出すことができ，ツールや部品の再利用に役立ちます。

```
void printTitle(void)
{
    drawLine();
    printf("|   x |  sin(x)   |  cos(x)   |  tan(x)   |¥n");
    drawLine();
}
```

最後は，printTrigonometric 関数です。単純にパッチワークを行うと変数 i と変数 rad が未定義になり，エラーが出ます。変数 i は仮引数として宣言し，変数 rad はブロックの最初で宣言します。図 6.4 を振り返り，仮引数 i の記憶領域を理解してください。加筆した部分は，太字で示しました。紙面の都合で，printTrigonometric 関数の定義

以外は省略しました。

```
void printTrigonometric(int i)
{
    double rad;

    rad = 3.141592 * i / 180.0;
    if ((i % 180) == 90) {
        printf("| %2d | %f | %f |        ∞ |¥n", i,
            sin(rad), cos(rad));
    } else {
        printf("| %2d | %f | %f | %9.6f |¥n", i,
            sin(rad), cos(rad), tan(rad));
    }
}
```

6.8　ツールを組み込んだ三角関数表の完成

　完成したプログラムは prog0609.c です。main 関数の変数 rad の宣言は，それが必要となる printTrigonometric 関数の中で宣言されており，必要なくなりましたので削除しました。main 関数の中身は，prog0510.c と比較して簡潔になったことがうかがえます。prog0608.c に加筆修正した部分を，太字で示しました。

▶ prog0609.c ◀

```
 1    /* prog0609.c */
 2
 3    #include <stdio.h>
 4    #include <math.h>
 5
 6    void drawLine(void)
 7    {
 8        printf("------------------------------------------¥n");
 9    }
10
11    void printTitle(void)
12    {
13        drawLine();
14        printf("|  x | sin(x)   | cos(x)   | tan(x)    |¥n");
15        drawLine();
16    }
17
18    void printTrigonometric(int i)
19    {
20        double rad;
21
22        rad = 3.141592 * i / 180.0;
23        if ((i % 180) == 90) {
24            printf("| %2d | %f | %f |        ∞ |¥n", i, sin(rad),
25                cos(rad));
```

```
26        } else {
27            printf("| %2d | %f | %f | %9.6f |¥n", i, sin(rad), cos(rad),
28                tan(rad));
29        }
30    }
31
32    int main(void)
33    {
34        int i;
35
36        printTitle();
37        for (i = 0; i < 91; i++) {
38            printTrigonometric(i);
39        }
40        drawLine();
41
42        return 0;
43    }
44
45    実行結果
46    ----------------------------------------
47    | x | sin(x)   | cos(x)   | tan(x)     |
48    ----------------------------------------
49    |  0 | 0.000000 | 1.000000 |   0.000000 |
50    |  1 | 0.017452 | 0.999848 |   0.017455 |
51    |  2 | 0.034899 | 0.999391 |   0.034921 |
52         :
53    途中省略
54         :
55    | 88 | 0.999391 | 0.034900 |  28.635991 |
56    | 89 | 0.999848 | 0.017453 |  57.288901 |
57    | 90 | 1.000000 | 0.000000 |          ∞ |
58    ----------------------------------------
```

6.9　関数を使った正方形の表示

　次は，正方形の表示を行うプログラム prog0511.c に関数を適用して
みましょう。完成したプログラムは，prog0611.c になります。2つのプ
ログラムを見比べながら説明していきます。それでは，プログラムを順
に完成していきましょう。ここでは，drawSquare 関数を定義すること
にします。そうすると，以下のひな型 prog0610.c ができあがります。

▶ prog0610.c ◀

```
1   /* prog0610.c */
2
3   #include <stdio.h>
4
5   void drawSquare()
6   {
7   }
8
9   int main(void)
10  {
11      return 0;
12  }
```

6.10 正方形を表示するツールの実装

　drawSquare 関数を実装してみましょう。ブロックの中に，prog
0511.c から抜き出した二重の for 文の部分を貼り付けます。該当する
行は，太字で示しました。パッチワークが上手くいかない例です。単純
にパッチワークを行うと以下のようになります。変数 i と変数 j と変数
w が未定義になり，エラーが出ます。紙面の都合で，drawSquare 関数
の定義以外は省略しました。

```c
void drawSquare()
{
    for (i = 0; i < w; i++) {
        for (j = 0; j < w; j++) {
            printf("*");
        }
        printf("¥n");
    }
}
```

　変数 w は仮引数として宣言し，変数 i と変数 j は関数のブロックの
最初で宣言します。該当する行は，太字で示しました。

```c
void drawSquare(int w)
{
    int i;
    int j;

    for (i = 0; i < w; i++) {
        for (j = 0; j < w; j++) {
            printf("*");
        }
        printf("¥n");
    }
}
```

6.11 関数を組み込んだ正方形の表示

　完成したプログラムは以下のようになります。プログラムは prog
0611.c です。main 関数の変数 i と変数 j の宣言は，それが必要となる
drawSquare 関数の中で宣言されており，必要なくなりましたので削
除しました。main 関数の中身は，prog0511.c と比較してきわめて簡潔
になったことがうかがえます。加筆した行は，太字で示しました。必要

のない変数が残っていても，エラーにはなりませんが，不必要な変数が
残らないように，十分注意してください。

▶ prog0611.c ◀

```
 1   /* prog0611.c */
 2
 3   #include <stdio.h>
 4
 5   void drawSquare(int w)
 6   {
 7       int i;
 8       int j;
 9
10       for (i = 0; i < w; i++) {
11           for (j = 0; j < w; j++) {
12               printf("*");
13           }
14           printf("¥n");
15       }
16   }
17
18   int main(void)
19   {
20       int w;
21
22       printf(" 正方形の幅？ ");
23       scanf("%d", &w);
24       drawSquare(w);
25
26       return 0;
27   }
28
29   実行結果
30   正方形の幅？ 3
31   ***
32   ***
33   ***
```

drawSquare 関数の中の printf("*"); は1文字を表示する
putchar 関数を使って putchar('*'); と記述することもできます。
同様に printf("¥n"); は putchar('¥n'); と記述することもでき
ます。

6.12 関数を使ったチェッカー模様を表示する関数の定義

チェッカー模様の表示を行うプログラム prog0512.c に関数を適用し
てみましょう。完成したプログラムは，prog0613.c になります。2つの
プログラムを見比べながら説明していきます。ここでは，ツールとして
drawChecker 関数を定義することにします。以下のひな型 prog0612.c
ができあがります。

```
1   /* prog0612.c */
2
3   #include <stdio.h>
4
5   void drawChecker()
6   {
7   }
8
9   int main(void)
10  {
11      return 0;
12  }
```

6.13　チェッカー模様を表示する関数の実装

　drawChecker 関数を実装してみましょう。ブロックの中に，prog0512.c から抜き出した二重の for 文の部分を貼り付けます。該当する行は，太字で示しました。パッチワークが上手くいかない例です。変数 i と変数 j と変数 w が未定義になり，エラーが出ます。紙面の都合で，drawChecker 関数の定義以外は省略しました。

```
void drawChecker()
{
    for (i = 0; i < w; i++) {
        for (j = 0; j < w; j++) {
            if (((i + j) % 2) == 0) {
                printf("*");
            } else {
                printf(" ");
            }
        }
        printf("¥n");
    }
}
```

　変数 w は仮引数として宣言し，変数 i と変数 j は関数のブロックの最初に宣言します。該当する行は，太字で示しました。

```
void drawChecker(int w)
{
    int i;
    int j;

    for (i = 0; i < w; i++) {
        for (j = 0; j < w; j++) {
            if (((i + j) % 2) == 0) {
```

```
                    printf("*");
                } else {
                    printf(" ");
                }
            }
            printf("¥n");
        }
    }
```

6.14 関数を組み込んだチェッカー模様の表示

完成したプログラムは prog0613.c です。main 関数の変数 i と変数 j
の宣言は，それが必要となる drawChecker 関数の中で宣言されており，
削除しました。main 関数の中身は，きわめて簡潔になったことがうか
がえます。prog0612.c に加筆修正した部分を，太字で示しました。

▶ prog0613.c ◀

```
1   /* prog0613.c */
2
3   #include <stdio.h>
4
5   void drawChecker(int w)
6   {
7       int i;
8       int j;
9
10      for (i = 0; i < w; i++) {
11          for (j = 0; j < w; j++) {
12              if (((i + j) % 2) == 0) {
13                  printf("*");
14              } else {
15                  printf(" ");
16              }
17          }
18          printf("¥n");
19      }
20  }
21
22  int main(void)
23  {
24      int w;
25
26      printf("正方形の幅？ ");
27      scanf("%d", &w);
28      drawChecker(w);
29
30      return 0;
31  }
32
33  実行結果
34  正方形の幅？ 5
```

```
35      * * *
36       * *
37      * * *
38       * *
39      * * *
```

6.15　関数を使った絵文字 X の表示

　絵文字 X の表示を行うプログラム prog0516.c に関数を適用してみましょう。完成したプログラムは，prog0615.c になります。プログラムprog0516.c と prog0615.c の 2 つのプログラムを見比べながら説明していきます。ここでは，X の上の部分を表示する drawX1 関数，真ん中の行を表示する drawX2 関数，下の部分を表示する drawX3 関数の 3 つを定義することにします。以下のひな型 prog0614.c ができあがります。

▶ **prog0614.c** ◀

```
 1    /* prog0614.c */
 2
 3    #include <stdio.h>
 4
 5    void drawX1()
 6    {
 7    }
 8
 9    void drawX2()
10    {
11    }
12
13    void drawX3()
14    {
15    }
16
17    int main(void)
18    {
19        return 0;
20    }
```

6.16　絵文字 X の表示の実装

　最初に drawX1 関数を実装してみましょう。ブロックの中に，prog0514.c から抜き出した二重の for 文の部分を貼り付けます。該当する行は，太字で示しました。パッチワークが上手くいかない例です。変数 i と変数 j と変数 w が未定義になり，エラーが出ます。紙面の都合で，drawX1 関数の定義以外は省略しました。

```
void drawX1()
{
    for (i = 0; i < w / 2; i++) {
        for (j = 0; j < i; j++) {
            putchar(' ');
        }
        putchar('*');
        for (j = 0; j < w - 2 * (i + 1); j++) {
            putchar(' ');
        }
        putchar('*');
        putchar('\n');
    }
}
```

変数 w は仮引数として宣言し，変数 i と変数 j は関数のブロックの最初に宣言します。加筆した部分は，太字で示しました。

```
void drawX1(int w)
{
    int i;
    int j;

    for (i = 0; i < w / 2; i++) {
        for (j = 0; j < i; j++) {
            putchar(' ');
        }
        putchar('*');
        for (j = 0; j < w - 2 * (i + 1); j++) {
            putchar(' ');
        }
        putchar('*');
        putchar('\n');
    }
}
```

続いて drawX2 関数を実装してみましょう。ブロックの中に，prog0515.c から抜き出した for 文の部分を貼り付けます。該当する行は，太字で示しました。これもパッチワークが上手くいかない例です。変数 i と変数 w が未定義になり，エラーが出ます。紙面の都合で，drawX2 関数の定義以外は省略しました。

```
void drawX2()
{
    for (i = 0; i < w / 2; i++) {
        putchar(' ');
    }
```

```
    putchar('*');
    putchar('¥n');
}
```

変数 w は仮引数として宣言し，変数 i はブロックの最初に宣言します。加筆した部分は，太字で示しました。

```
void drawX2(int w)
{
    int i;

    for (i = 0; i < w / 2; i++) {
        putchar(' ');
    }
    putchar('*');
    putchar('¥n');
}
```

さらに drawX3 関数を実装してみましょう。ブロックの中に，prog 0516.c から抜き出した二重の for 文の部分を貼り付けます。該当する行は，太字で示しました。パッチワークが上手くいかない例です。変数 i と変数 j と変数 w が未定義になり，エラーが出ます。紙面の都合で，drawX3 関数の定義以外は省略しました。

```
void drawX3()
{
    for (i = 0; i < w / 2; i++) {
        for (j = 0; j < w / 2 - (i + 1); j++) {
            putchar(' ');
        }
        putchar('*');
        for (j = 0; j < 2 * i + 1; j++) {
            putchar(' ');
        }
        putchar('*');
        putchar('¥n');
    }
}
```

変数 w は仮引数として宣言し，変数 i と変数 j は関数のブロックの最初に宣言します。加筆した部分は，太字で示しました。

```
void drawX3(int w)
{
    int i;
    int j;
    for (i = 0; i < w / 2; i++) {
```

```
                    for (j = 0; j < w / 2 - (i + 1); j++) {
                        putchar(' ');
                    }
                    putchar('*');
                    for (j = 0; j < 2 * i + 1; j++) {
                        putchar(' ');
                    }
                    putchar('*');
                    putchar('¥n');
                }
            }
```

6.17 関数を組み込んだ X の表示

　　完成したプログラムは prog0615.c です。main 関数の変数 i と変数 j
の宣言は，必要なくなりましたので削除しました。main 関数の中身は，
大部分が関数（ツールや部品）に分割され，きわめて簡潔になったこと
がうかがえます。prog0614.c に加筆修正した部分を，太字で示しました。

▶ prog0615.c ◀

```
1   /* prog0615.c */
2
3   #include <stdio.h>
4
5   void drawX1(int w)
6   {
7       int i;
8       int j;
9
10      for (i = 0; i < w / 2; i++) {
11          for (j = 0; j < i; j++) {
12              putchar(' ');
13          }
14          putchar('*');
15          for (j = 0; j < w - 2 * (i + 1); j++) {
16              putchar(' ');
17          }
18          putchar('*');
19          putchar('¥n');
20      }
21  }
22
23  void drawX2(int w)
24  {
25      int i;
26
27      for (i = 0; i < w / 2; i++) {
28          putchar(' ');
29      }
30      putchar('*');
31      putchar('¥n');
```

```
32      }
33
34      void drawX3(int w)
35      {
36          int i;
37          int j;
38
39          for (i = 0; i < w / 2; i++) {
40              for (j = 0; j < w / 2 - (i + 1); j++) {
41                  putchar(' ');
42              }
43              putchar('*');
44              for (j = 0; j < 2 * i + 1; j++) {
45                  putchar(' ');
46              }
47              putchar('*');
48              putchar('¥n');
49          }
50      }
51
52      int main(void)
53      {
54          int w;
55
56          printf("Xの幅？ ");
57          scanf("%d", &w);
58          drawX1(w);
59          drawX2(w);
60          drawX3(w);
61
62          return 0;
63      }
64
65      実行結果
66      Xの幅？ 5
67      *       *
68       *     *
69        *
70       *     *
71      *       *
```

6.18 絵文字 X の表示のさらなる工夫

　絵文字の X を表示するプログラム prog0615.c は，新たに任意の文字を任意の個数表示できる drawLine 関数を定義し，drawX1，drawX2，drawX3 関数から呼び出すようにすると，これらの関数はさらに簡潔に記述できるようになります。関数の名前が決まると，以下のひな型ができあがります。紙面の都合で，drawLine 関数のひな型以外は省略しました。

```
void drawLine()
{
}
```

6.19 drawLine 関数の実装

drawLine 関数の最初の仮引数 ch は，表示する文字を受け取ります。文字は char 型で受け取ります。そのほかに，文字は int 型で受け取ることもできます。2 つ目の仮引数 n は，表示する文字の個数を受け取ります。紙面の都合で，drawLine 関数の定義以外は省略しました。

```c
void drawLine(char ch, int n)
{
    int i;

    for (i = 0; i < n; i++) {
        putchar(ch);
    }
}
```

6.20 drawLine 関数を使った X の表示

完成したプログラムは prog0616.c です。drawX1, drawX2, drawX3 関数の中から drawLine 関数を呼び出すことで，さらに簡潔になったことがうかがえます。また，putchar('*'); は drawLine('*', 1); と記述することによって，drawLine 関数で統一して記述できるため，プログラムの可読性が向上しました。prog0615.c に加筆修正した部分を，太字で示しました。

▶ prog0616.c ◀

```c
 1  /* prog0616.c */
 2
 3  #include <stdio.h>
 4
 5  void drawLine(char ch, int n)
 6  {
 7      int i;
 8
 9      for (i = 0; i < n; i++) {
10          putchar(ch);
11      }
12  }
13
14  void drawX1(int w)
15  {
16      int i;
17
18      for (i = 0; i < w / 2; i++) {
19          drawLine(' ', i);
```

```
20          drawLine('*', 1);
21          drawLine(' ', w - 2 * (i + 1));
22          drawLine('*', 1);
23          putchar('¥n');
24      }
25  }
26
27  void drawX2(int w)
28  {
29      drawLine(' ', w / 2);
30      drawLine('*', 1);
31      putchar('¥n');
32  }
33
34  void drawX3(int w)
35  {
36      int i;
37
38      for (i = 0; i < w / 2; i++) {
39          drawLine(' ', w / 2 - (i + 1));
40          drawLine('*', 1);
41          drawLine(' ', 2 * i + 1);
42          drawLine('*', 1);
43          putchar('¥n');
44      }
45  }
46
47  int main(void)
48  {
49      int w;
50
51      printf("Xの幅? ");
52      scanf("%d", &w);
53      drawX1(w);
54      drawX2(w);
55      drawX3(w);
56
57      return 0;
58  }
59
60  実行結果
61  Xの幅? 9
62  *       *
63   *     *
64    *   *
65     * *
66      *
67     * *
68    *   *
69   *     *
70  *       *
```

　prog0616.c と prog0516.c は同じ結果を表示するプログラムですが，prog0616.c は prog0516.c よりもプログラムの信頼性と可読性が向上しています。5.10 節で説明した法則が，drawX1 から drawX3 関数の中に記述した drawLine 関数の 2 番目の実引数に反映されていることがわかります。

1．摂氏0から100の華氏の値を表示するプログラム prac0601.c を作成しなさい。なお，摂氏の表示は4桁の幅を確保し右詰めで，華氏の表示は5桁の幅を確保し小数点以下1桁で表示しなさい。

2．絵文字 T を表示するプログラム prac0602.c を作成しなさい。ただし，T の幅は3以上の奇数とすること。なお，プログラムの作成にあたって，以下のひな型を使って作成しなさい。

```
/* prac0602.c */

#include <stdio.h>

void drawLine(int ch, int n)
{
}

void drawT1(int w)
{
}

void drawT2(int w)
{
}

int main(void)
{
    int w;

    printf("Tの幅？ ");
    scanf("%d", &w);
    drawT1(w);
    drawT2(w);

    return 0;
}
```

3．2と同様に，drawLine 関数を使って5章の練習問題3の逆三角形を表示するプログラム prac0603.c を作成しなさい。

•••● 6章のまとめ ●•••

1. 関数の定義（戻り値なしの場合）

(1) 仮引数のない関数の例

• 「Hello World」と表示する関数

```
void printHello(void) {
               //Hello Worldと表示する関数
  printf("Hello World¥n");
}
```

(2) 仮引数のある関数の例

• 文字 ch を n 個表示する関数
• ch と n が仮引数

```
void putChars(char ch, int n) {
  int i;
  for (i = 0; i < n; i++)
    putchar(ch);
}
```

• 文字列 str を n 個表示する関数（str, n は仮引数）
• 仮引数が配列のとき，サイズは省略

```
void putStrings(char str[], int n) {
  int i;
  for (i = 0; i < n; i++)
    printf("%s", str);
}
```

2. 関数の呼び出し

• 1 で定義した 3 つの関数を呼び出すプログラム
• 関数を呼び出す側の引数は実引数

```
int main(void) {
  int i, w;
  printf("絵文字の幅？ ");
  scanf("%d", &w);
  printHello();         // 引数なし関数呼び出し
  /* 絵文字 L の表示 */
  putStrings("*¥n", w - 1);
                        //*と改行をw-1個表示
  putChars('*', w);     //*をw個表示
  printf("¥n");         // 改行を表示
  /* 絵文字 T の表示 */
  putChars('*', w);     //*をw個表示
  printf("¥n");         // 改行
  for (i = 0; i < w - 1; i++) {
                        // 以下をw-1回繰り返す
    putChars(' ', w / 2);
                        // 空白をw／2個表示
    printf("*¥n");      //*と改行を表示
  }
}
```

3. 関数を使った絵文字 X の表示

• 関数を使うとプログラムが整理され理解性向上

• 関数を使った絵文字 X 表示プログラムの例

```
void drawLine(char ch, int n) {
                        // 空白をn個表示
  int i;
  for (i = 0; i < n; i++)
    putchar(' ');
}
void drawX1(int w) {    //Xの上半分表示
  int i;
  for (i = 0; i < w / 2; i++) {
    drawLine(' ', i);
    drawLine('*', 1);
    drawLine(' ', w - 2 * (i + 1));
    putchar('¥n');
  }
}
void drawX2(int w) {    //Xの真ん中表示
  drawLine(' ', w / 2);
  putchar('¥n');
}
void drawX3(int w) {    //Xの下半分表示
  int i;
  for (i = 0; i < w / 2; i++) {
    drawLine(' ', w / 2 - (i + 1));
    drawLine('*', 1);
    drawLine(' ', 2 * i + 1);
    putchar('¥n');
  }
}
int main(void) {
  int w;
  printf("幅？ ");
  scanf("%d", &w);        //Xの幅の入力
  drawX1(w);              //Xの上半分の表示
  drawX2(w);              //Xの真ん中の表示
  drawX3(w);              //Xの下半分の表示
}
```

4. 関数呼び出しのあるプログラムの実行順序

• プログラムは main 関数から実行開始
• 実行順は原則として上から下
• 関数の呼び出しによって実行が関数の定義に移る
• 実引数は仮引数にコピー
• 実引数が配列の場合は，仮引数に参照をコピー
• return または関数の定義の最後に来ると，関数の呼び出しの次の文に実行が移る

5. 関数利用の注意

• 関数の定義内の変数宣言は，その関数内でのみ有効で別の関数からは見えない
• 関数定義の仮引数はその関数内でのみ有効で，関数の外からは仮引数は見えない
• 複数の関数定義の順序は実行順序とは無関係
• 原則として関数呼び出しの前に関数の定義が必要
• 仮引数は宣言，実引数は式（宣言ではない！）

第 **7** 章　暗号

　みなさんは，どこかで暗号という言葉を聞いたことがあるでしょう。一例ですが，pizbnb，tijhp，zptijeb，epij は暗号化した文字列です。この暗号，解けますか？　また，図 7.1 はおなじみの果物です。しかし，その名前には聞いたことのない文字列が並んでいます。

(a) bqqmf　　　　　(b) hsbpf　　　　　(c) cbobob

図 7.1　暗号化した果物の名前

　本章を理解するとプログラムで暗号を作れるようになります。また，逆に暗号を解読できます。本章では，シーザー暗号（Caesar Cipher）を取り上げます。問題を簡素化するために，a から z までの英小文字を対象とします。

　この暗号の原理は，以下のとおりです。a は b に，b は c に，y は z に，z は a に文字を置き換えます。つまり，1 文字ずつアルファベットの次の文字に置き換え，最後の z は a に戻す仕組みです。たとえば，apple という単語は，bqqmf になります。このように手作業でも，暗号を作ることができます。暗号を解読するときは，逆のルールを当てはめます。a は z に，b は a に，y は x に，z は y に文字を置き換えます。つまり，1 文字ずつ，前の文字に置き換え，a は z に戻す仕組みです。たとえば，図 7.1 (b) の hsbqf という暗号のもとの文字列は，grape になります。

7.1　文字列の表示

　手始めに，文字列を表示してみましょう。表示は printf 関数を使います。最初のプログラムは，prog0701.c です。prog0201.c に加筆修正した部分を太字で示します。実行結果に apple の文字が表示されます。

▶ prog0701.c ◀

```
 1   /* prog0701.c */
 2
 3   #include <stdio.h>
 4
 5   int main(void)
 6   {
 7       printf("apple¥n");
 8
 9       return 0;
10   }
11
12   実行結果
13   apple
```

7.2　コンピュータ内部での文字の扱い（a の場合）

　文字はコンピュータ内部では数字で扱われていることを 1.4 節で学び
ました。もう一度，振り返ってみましょう。プログラムは，prog0702.c
です。実行結果に 97 の整数が表示されます。つまり，英小文字の a は
10 進数で 97 になります。

▶ prog0702.c ◀

```
 1   /* prog0702.c */
 2
 3   #include <stdio.h>
 4
 5   int main(void)
 6   {
 7       printf("%d¥n", 'a');
 8
 9       return 0;
10   }
11
12   実行結果
13   97
```

7.3　コンピュータ内部での文字の扱い（apple の場合）

　同様に，apple の各文字をすべて数字で表示してみましょう。プログ
ラムは，prog0703.c です。実行結果に 97, 112, 112, 108, 101 の
整数が 1 行ごとに表示されます。直前のプログラムと変わった部分は，
太字で表示しています。

▶ prog0703.c ◀

```c
/* prog0703.c */

#include <stdio.h>

int main(void)
{
    printf("%d\n", 'a');
    printf("%d\n", 'p');
    printf("%d\n", 'p');
    printf("%d\n", 'l');
    printf("%d\n", 'e');

    return 0;
}

実行結果
97
112
112
108
101
```

7.4 文字と整数の足し算

　ある英小文字をアルファベットの次の文字にするための法則は，おのおのの文字に1を加えればよいことがわかります。プログラムは，prog0704.cです。直前のプログラムと変わった部分は，太字で表示しています。実行結果に 98, 113, 113, 109, 102 の整数が1行ごとに表示されます。確かに1が足されていることがわかります。

▶ prog0704.c ◀

```c
/* prog0704.c */

#include <stdio.h>

int main(void)
{
    printf("%d\n", 'a' + 1);
    printf("%d\n", 'p' + 1);
    printf("%d\n", 'p' + 1);
    printf("%d\n", 'l' + 1);
    printf("%d\n", 'e' + 1);

    return 0;
}

実行結果
98
113
113
109
102
```

文字に1を加えることができました。文字に1を加えるのは、不思議な気がしますが、文字がコンピュータ内部では数字で扱われているため、このような足し算ができるのです。

7.5 文字の表示

1を加えた結果を、再び文字で表示すれば、暗号化した文字を表示できることになります。文字を表示する関数は、putcharです。ここでは、各文字を表示したあとに改行を入れ、1行ごとに1文字ずつ表示しています。プログラムは、prog0705.c です。直前のプログラムと変わった部分は、太字で表示しています。実行結果にb, q, q, m, fの文字が1行ごとに表示されます。なお、文字の表示は printf 関数でもできます。文字で表示するときの変換指定は、%cになります。この部分はプログラム中にコメントで記載しました。apple がシーザー暗号を使って暗号化できたことになり、その最初のプログラムが完成したことになります。

▶ **prog0705.c** ◀

```
1    /* prog0705.c */
2
3    #include <stdio.h>
4
5    int main(void)
6    {
7        putchar('a' + 1);   putchar('\n');
8        putchar('p' + 1);   putchar('\n');
9        putchar('p' + 1);   putchar('\n');
10       putchar('l' + 1);   putchar('\n');
11       putchar('e' + 1);   putchar('\n');
12
13       /*
14       printf("%c\n", 'a' + 1);
15       printf("%c\n", 'p' + 1);
16       printf("%c\n", 'p' + 1);
17       printf("%c\n", 'l' + 1);
18       printf("%c\n", 'e' + 1);
19       */
20
21       return 0;
22   }
23
24   実行結果
25   b
26   q
27   q
28   m
29   f
```

111

7.6 文字列の分割

　このままでは，何回実行しても apple が表示されるだけです。しかも，文字列が変わると，該当する文字の部分を，その都度，書き換える必要があり，また文字数によっては行数も変わります。きわめて汎用性に乏しいプログラムです。それでは，どのように考えればよいでしょうか。暗号化を行う文字列 apple の 5 文字を 1 文字ずつ分割することを考えます。これを実現する方法は，文字型の配列を使います。C 言語で文字列は，文字の並び，すなわち文字の配列で扱うことができます。文字型は char（キャラクター，チャー）型になります。

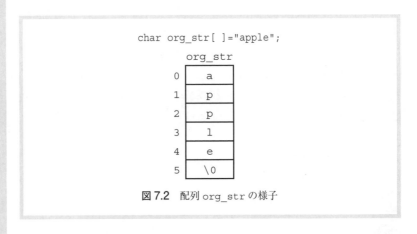

図 7.2　配列 org_str の様子

　ここでは，文字の配列の名前を org_str にしています。変数名の命名は，とても重要です。ここでは，もとの文字列を意味する言葉として，original string を思い浮かべ，これを短くし，下線（アンダースコア）でつないだものです。C 言語は短く記述する流儀になっています。この宣言によってできあがった配列の様子を図 7.2 に示します。初期化によって，文字が連続して並んでいることがわかります。文字列の最後は，ヌル（\0）文字になります。なお配列は，3.2 節で学びました。3.2 節では，配列の要素は整数でしたが，ここでは，配列の要素が文字になっている点が異なります。文字列を表示するときの変換指定は，%s を使います（5.2 節参照）。¥n はお馴染みの改行です。

```
printf("%s¥n", org_str);
```

　プログラムは prog0706.c です。prog0201.c に加筆修正した部分を太字で示します。実行結果に apple の文字列が表示されます。

```
1   /* prog0706.c */
2
3   #include <stdio.h>
4
5   int main(void)
6   {
7       char org_str[ ] = "apple";
8
9       printf("%s\n", org_str);
10
11      return 0;
12  }
13
14  実行結果
15  apple
```

7.7 文字列のコピー

暗号化を実現する前に，文字列のコピーを行うプログラムを考えてみましょう。プログラムは，prog0707.c です。コピー先の文字列は，127文字まで入れられる配列を用意します。配列の大きさは，入力する文字数に十分対応できる数にします。ここでは 127 文字あれば十分であると考え，この数にしました。配列の名前は，copy_str です。なお，文字列の最後には ¥0（JIS キーボードで入力すると \ が ¥ になります）が付くため，配列で宣言した要素数よりも 1 文字少なくなります。

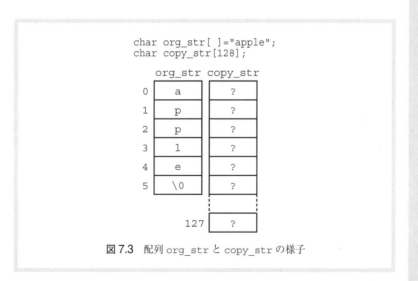

図 7.3 配列 org_str と copy_str の様子

これらの宣言によってできあがった配列の様子を図 7.3 に示します。前述したように org_str は文字が連続して並んでいますが，copy_str は初期化していないためデタラメな文字（ここでは？で表示）が並んで

います。なお，この文字はパソコン環境によって異なる可能性があります。

▶ prog0707.c ◀

```
1   /* prog0707.c */
2
3   #include <stdio.h>
4
5   int main(void)
6   {
7       char org_str[ ] = "apple";
8       char copy_str[128];
9
10      printf("original string %s¥n", org_str);
11      printf("copy string %s¥n", copy_str);
12
13      return 0;
14  }
15
16  実行結果
17  original string apple
18  copy string ·}uC∃}u··@
```

7.8 配列の初期化

　デタラメな文字が表示されないように，コピー先の配列の要素をすべて 0 で初期化しておきます。なお，配列の初期化は，下記の初期化子を使っています。変数に対する初期化子は，2.5 節で説明しました。int 型の配列の場合は，{ } の中に数字をコンマで区切って並べることで，要素を初期化できます。0 は { } の中に 1 つしかありませんが，この記述ですべての要素を 0 にできます。ただし，初期化子を使った配列の初期化は配列の宣言時しか使えません。配列の初期化は，必要に応じて行ってください。

```
char copy_str[128] = {0};
```

　プログラムは，prog0708.c です。実行結果はデタラメな文字が表示されなくなりました。変更を加えた部分は，太字で示しました。

▶ prog0708.c ◀

```
1   /* prog0708.c */
2
3   #include <stdio.h>
4
5   int main(void)
6   {
7       char org_str[ ] = "apple";
8       char copy_str[128] = {0};
```

```
 9
10        printf("original string %s\n", org_str);
11        printf("copy string %s\n", copy_str);
12
13        return 0;
14    }
15
16    実行結果
17    original string apple
18    copy string
```

7.9　誤った配列のコピー

配列のコピーは copy_str = org_str; のように行えばできそうに錯覚します。プログラムは，prog0709.c です。変更を加えた部分は，太字で示しました。残念ですが，このプログラムはコンパイル時にエラーが発生し，上手くいきません。

▶ prog0709.c ◀

```
 1    /* prog0709.c */
 2
 3    #include <stdio.h>
 4
 5    int main(void)
 6    {
 7        char org_str[ ] = "apple";
 8        char copy_str[128] = {0};
 9
10        copy_str = org_str;
11
12        printf("original string %s\n", org_str);
13        printf("copy string %s\n", copy_str);
14
15        return 0;
16    }
17
18    コンパイル時
19    prog0709.c: In function 'main':
20    prog0709.c:12:14: error: assignment to expression with array type
21        copy_str = org_str;
22             ^
```

7.10　正しい配列のコピー

配列のコピーは，配列の要素を1つずつ代入する必要があります。図7.4は，配列の要素がコピー（代入）される様子を，0番目，1番目，5番目を抜粋して示したものです。なお，5番目はナル（ヌル）文字をコピーします。

プログラムは，prog0710.c です。実行結果はもとの文字列と同じ

apple が表示されました。コピーの成功です。

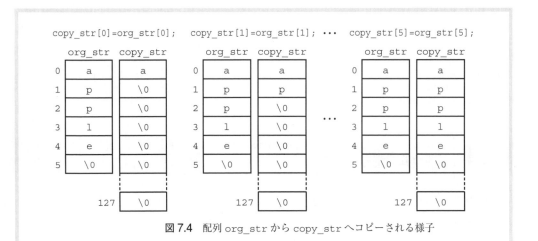

図 7.4　配列 org_str から copy_str へコピーされる様子

▶ prog0710.c ◀

```
1    /* prog0710.c */
2
3    #include <stdio.h>
4
5    int main(void)
6    {
7        char org_str[ ] = "apple";
8        char copy_str[128] = {0};
9
10       copy_str[0] = org_str[0];
11       copy_str[1] = org_str[1];
12       copy_str[2] = org_str[2];
13       copy_str[3] = org_str[3];
14       copy_str[4] = org_str[4];
15       copy_str[5] = org_str[5];
16
17       printf("original string %s¥n", org_str);
18       printf("copy string %s¥n", copy_str);
19
20       return 0;
21   }
22
23   実行結果
24   original string apple
25   copy string apple
```

7.11　繰り返しを使った配列のコピー

prog0710.c は，繰り返しを使いこなせない人が記述するプログラムの典型例です。配列と繰り返しは切っても切れない関係にあります。繰り返し（3.3 節参照）を使って記述してみます。プログラムは，prog0711.c です。実行結果はもとの文字列と同じ apple が表示されました。繰り

返しを使った配列のコピーの成功です。書き換えた部分は，太字で示しました。apple の最後に付いているナル（ヌル）文字を含めてコピーしている点に，注意してください。

▶ **prog0711.c** ◀

```
 1   /* prog0711.c */
 2
 3   #include <stdio.h>
 4
 5   int main(void)
 6   {
 7       char org_str[ ] = "apple";
 8       char copy_str[128] = {0};
 9       int i;
10
11       for (i = 0; i < 6; i++) {
12           copy_str[i] = org_str[i];
13       }
14
15       printf("original string %s¥n", org_str);
16       printf("copy string %s¥n", copy_str);
17
18       return 0;
19   }
20
21   実行結果
22   original string apple
23   copy string apple
```

なお，for 文は for (i = 0; i <= 5; i++) { と書くこともできます。

7.12　文字列の長さ

prog0711.c は，5 文字にしか対応できない欠点があります。これを避けるために，文字列の長さを調べることができる strlen（エスティアールレン）関数を使います。この関数は，5.2 節で説明しました。この関数を利用するためには，プログラムの最初の部分に #include <string.h> を追加する必要があります。プログラムは，prog0712.c です。実行結果は文字列 apple の長さ 5 が表示されます。

▶ **prog0712.c** ◀

```
 1   /* prog0712.c */
 2
 3   #include <stdio.h>
 4   #include <string.h>
 5
 6   int main(void)
 7   {
```

```
 8      char org_str[ ] = "apple";
 9
10      printf("%d¥n", (int)strlen(org_str));
11
12      return 0;
13  }
14
15  実行結果
16  5
```

7.13　文字列の長さの活用

　　for 文の繰り返し回数を文字列の長さ，すなわち strlen 関数で指定します。プログラムは，prog0713.c です。prog0711.c との違いは，太字で示しました。実行結果は文字列 apple が表示されます。これで，org_str の文字列が変わっても，コピーが行えるようになりました。

▶ prog0713.c ◀

```
 1  /* prog0713.c */
 2
 3  #include <stdio.h>
 4  #include <string.h>
 5
 6  int main(void)
 7  {
 8      char org_str[ ] = "apple";
 9      char copy_str[128] = {0};
10      int i;
11
12      for (i = 0; i < strlen(org_str) + 1; i++) {
13          copy_str[i] = org_str[i];
14      }
15
16      printf("original string %s¥n", org_str);
17      printf("copy string %s¥n", copy_str);
18
19      return 0;
20  }
21
22  実行結果
23  original string apple
24  copy string apple
```

7.14　暗号化

　　本題の暗号化ですが，どうすればよいでしょうか？　もう，おわかりですね。配列の要素を代入するときに，1 を加えてあげればよいことになります。配列名は，copy_str を encode_str に変更しました。プログラムは，prog0714.c です。変更を加えた部分は，太字にしました。

```
1    /* prog0714.c */
2
3    #include <stdio.h>
4    #include <string.h>
5
6    int main(void)
7    {
8        char org_str[ ] = "apple";
9        char encode_str[128] = {0};
10       int i;
11
12       for (i = 0; i < strlen(org_str) + 1; i++) {
13           encode_str[i] = org_str[i] + 1;
14       }
15
16       printf("original string %s¥n", org_str);
17       printf("encode string %s¥n", encode_str);
18
19       return 0;
20   }
21
22   実行結果
23   original string apple
24   encode string bqqmf·
```

実行結果は文字列 bqqmf· が表示され，最後の · を除き暗号化ができました。これは apple の最後に付いているナル（ヌル）文字も 1 を加えたことによって表示されたものです。以下の節で，順に対処していきます。

7.15 暗号化（扱える文字の限定）

キーボードから入力できる文字は a から z 以外にもあります。a から z までの文字のみを対象に，1 を加える必要がありますが，プログラム prog0714.c は，すべての文字を対象に 1 を加えてしまいます。そうならないよう対処するために，a から z までの文字であることを判定するプログラム，すなわち if 文を組み込みます。判定条件は，(org_str[i] >= 'a') && (org_str[i] <= 'z') になります。(org_str[i] >= 'a') と (org_str[i] <= 'z') の 2 つの条件の論理積（AND）を記述します。AND は C 言語では && と記述します。論理和（OR）の場合は || と記述します（表 4.2 参照）。プログラムは，prog0715.c です。Apple の入力に対して，実行結果は文字列 Aqqmf が表示され，a から z 以外の文字は暗号化されていません。apple の最後に付いているナル（ヌル）文字も同様です。暗号化しない処理は，if 文の else のブロックで行っています。

```
1   /* prog0715.c */
2
3   #include <stdio.h>
4   #include <string.h>
5
6   int main(void)
7   {
8       char org_str[ ] = "Apple";
9       char encode_str[128] = {0};
10      int i;
11
12      for (i = 0; i < strlen(org_str) + 1; i++) {
13          if ((org_str[i] >= 'a') && (org_str[i] <= 'z')) {
14              encode_str[i] = org_str[i] + 1;
15          } else {
16              encode_str[i] = org_str[i];
17          }
18      }
19
20      printf("original string %s¥n", org_str);
21      printf("encode string %s¥n", encode_str);
22
23      return 0;
24  }
25
26  実行結果
27  original string Apple
28  encode string Aqqmf
```

7.16 暗号化（z が含まれる場合）

apple の代わりに zero をためしてみましょう。prog0715.c に加筆修正したプログラムを prog0716.c の名前で保存します。加筆修正した部分は，太字で示しました。実行結果は {fsp になりました。何か変です。

▶ prog0716.c ◀

```
1   /* prog0716.c */
2
3   #include <stdio.h>
4   #include <string.h>
5
6   int main(void)
7   {
8       char org_str[ ] = "zero";
9
10      // 途中は prog0715.c と同じため省略
11
12      return 0;
13  }
14
15  実行結果
16  original string zero
17  encode string {fsp
```

7.17 暗号化（z の処理）

プログラム prog0716.c は，z の場合は a に戻す処理が記述されていないため，z の次の文字が { になっています。これに対応するため，さらに if 文を追加します。プログラムは，prog0717.c です。加筆した部分は，太字で示しました。実行結果は文字列 afsp が表示され，z を含む文字列も暗号化ができるようになりました。

▶ prog0717.c ◀

```
 1  /* prog0717.c */
 2
 3  #include <stdio.h>
 4  #include <string.h>
 5
 6  int main(void)
 7  {
 8      char org_str[ ] = "zero";
 9      char encode_str[128] = {0};
10      int i;
11
12      for (i = 0; i < strlen(org_str) + 1; i++) {
13          if ((org_str[i] >= 'a') && (org_str[i] <= 'z')) {
14              if (org_str[i] == 'z') {
15                  encode_str[i] = 'a';
16              } else {
17                  encode_str[i] = org_str[i] + 1;
18              }
19          } else {
20              encode_str[i] = org_str[i];
21          }
22      }
23
24      printf("original string %s\n", org_str);
25      printf("encode string %s\n", encode_str);
26
27      return 0;
28  }
29
30  実行結果
31  original string zero
32  encode string afsp
```

7.18 キーボードからの文字列の入力

prog0717.c のプログラムでは文字列が変わるごとに，コンパイルを行う必要があります。これは，とても面倒なことです。プログラム実行時に，キーボードから文字列を入力できると，大変使い勝手がよくなります。

キーボードから文字列を入力する場合は，どうすればよいでしょうか。

キーボードから入力する文字数は，不明です。そのため，一般的に，十分な文字数を扱うことができる char 型の配列を用意し，その中に，文字列を格納します。

```
char org_str[128];
```

キーボードから入力するときは，ユーザーが何を入力すればよいのかがわかる文字列を表示します。ここでは printf 関数で，"input original string : " の文字列を表示します。この表示のことを，プロンプト（Prompt）といいます。プロンプトは，利用者に適切な指示を与える重要な役割を担っています。

```
printf("input original string : ");
scanf("%s", org_str);
```

プログラムは，prog0718.c です。実行結果は，キーボードから入力した文字列の暗号化ができました。

▶ prog0718.c ◀

```
1   /* prog0718.c */
2
3   #include <stdio.h>
4   #include <string.h>
5
6   int main(void)
7   {
8       char org_str[128];
9       char encode_str[128] = {0};
10      int i;
11
12      printf("input original string : ");
13      scanf("%s", org_str);
14
15      for (i = 0; i < strlen(org_str) + 1; i++) {
16          if ((org_str[i] >= 'a') && (org_str[i] <= 'z')) {
17              if (org_str[i] == 'z') {
18                  encode_str[i] = 'a';
19                  } else {
20                  encode_str[i] = org_str[i] + 1;
21              }
22          }
23      }
24
25      printf("original string %s¥n", org_str);
26      printf("encode string %s¥n", encode_str);
27
28      return 0;
29  }
30
31  実行結果
32  input original string : apple
33  original string apple
34  encode string bqqmf
```

7.19 関数を使った暗号化

さらに使い勝手をよくするために，暗号化する部分を関数に書き換えてみましょう。関数名は，encode です。仮引数は，char 型の配列，org_str と encode_str です。main 関数の中の org_str と encode_str は同じ名前ですが，別の名前にすることもできます。関数に分割する手順は，6 章で述べました。プログラムは，prog0719.c です。prog0718.c に加筆修正した部分は，太字で示しました。main 関数の中が，簡潔になりました。実行結果は，prog0718.c と同様にキーボードから入力した文字列が，暗号化できます。

▶ prog0719.c ◀

```
 1  /* prog0719.c */
 2
 3  #include <stdio.h>
 4  #include <string.h>
 5
 6  void encode(char org_str[], char encode_str[])
 7  {
 8      int i;
 9
10      for (i = 0; i < strlen(org_str) + 1; i++) {
11          if ((org_str[i] >= 'a') && (org_str[i] <= 'z')) {
12              if (org_str[i] == 'z') {
13                  encode_str[i] = 'a';
14              } else {
15                  encode_str[i] = org_str[i] + 1;
16              }
17          } else {
18              encode_str[i] = org_str[i];
19          }
20      }
21  }
22
23  int main(void)
24  {
25      char org_str[128];
26      char encode_str[128] = {0};
27
28      printf("input original string : ");
29      scanf("%s", org_str);
30
31      encode(org_str, encode_str);
32
33      printf("original string %s¥n", org_str);
34      printf("encode string %s¥n", encode_str);
35
36      return 0;
37  }
38
39  実行結果
40  input original string : apple
41  original string apple
42  encode string bqqmf
```

図 7.5 は，配列 org_str と encode_str を引数で受け渡す様子を
示したものです。配列は実引数と仮引数で同じ記憶領域を参照します。
実引数から仮引数へコピーされることはありません。このやり取りを参
照渡し（call by reference）といいます。

7.20 関数を使った暗号の復元（復号化）

prog0720.c は，暗号化した文字列をもとに戻す（復号化する）関数を
定義したプログラムです。関数名は，decode です。仮引数は，char 型
の配列，encode_str と decode_str です。encode_str と decode_
str は，main 関数と同じ名前にしてありますが，ほかの名前にするこ
ともできます。prog0719.c に加筆修正した部分は，太字で示しました。
実行結果は，暗号化された文字列がもとの文字列に戻っていることがわ
かります。

▶ prog0720.c ◀

```
1   /* prog0720.c */
2
3   #include <stdio.h>
4   #include <string.h>
5
6   void decode(char encode_str[], char decode_str[])
7   {
8       int i;
```

```
 9
10          for (i = 0; i < strlen(encode_str) + 1; i++) {
11              if ((encode_str[i] >= 'a') && (encode_str[i] <= 'z')) {
12                  if (encode_str[i] == 'a') {
13                      decode_str[i] = 'z';
14                  } else {
15                      decode_str[i] = encode_str[i] - 1;
16                  }
17              } else {
18                  decode_str[i] = encode_str[i];
19              }
20          }
21      }
22
23      int main(void)
24      {
25          char encode_str[128];
26          char decode_str[128] = {0};
27
28          printf("input encode string : ");
29          scanf("%s", encode_str);
30
31          decode(encode_str, decode_str);
32          printf("encode string %s¥n", encode_str);
33          printf("decode string %s¥n", decode_str);
34
35          return 0;
36      }
37
```

実行結果
```
input encode string : bqqmf
encode string bqqmf
decode string apple
```

実行結果
```
input encode string : afsp
encode string afsp
decode string zero
```

7.21 剰余を使った暗号化

　prog0719.c と prog0720.c では，配列をコピーする方法，配列を引数で受け渡す方法，文字 z を a に戻す例外処理等を学ぶことができました。これらのプログラムは，1 文字ずらす（シフトする）場合に特化したプログラムで，2 文字以上シフトする場合には，上手くいきません。そこで，任意の文字数でシフトできる関数に書き換えてみましょう。

　prog0721.c を見てください。暗号化を行う関数は encode，復号化を行う関数は decode で，prog0719.c と prog0720.c に出てきた関数名と同じです。異なる点は，引数が増えており，3 番目の引数（int s）でシフトする文字数を，4 番目の引数（int w）で全文字数を，それぞれ指定できるようにします。

　encode 関数の考え方ですが，'a' から 'z' にかけて値が 1 つずつ増

えていくコード体系の場合には，もとの文字を org_str，シフトする文字数を s，‘a’ から ‘z’ までの全文字数を w とすると，以下の式で暗号化できます。なお，コード体系は 8 章で紹介します。

```
(org_str - 'a' + s) % w + 'a'
```

少し，不思議な気がしますが，具体的な例でためしてみましょう。暗号化の対象となる文字 org_str が ‘a’，シフトする文字数 s が 2 のとき，(org_str - 'a' + s) は 2 になります。これを w すなわち 26 で割ったときの余り，すなわち (2) % 26 を求めると 2 になります。2 + ‘a’ は ‘c’ になり，2 文字シフトできています。同様に，暗号化の対象となる文字 org_str が ‘z’ のとき，(org_str - 'a' + s) は 27 になります。これを w すなわち 26 で割ったときの余りを求めると 1 になります。1 + ‘a’ は ‘b’ になり，暗号化対象文字の ‘z’ が ‘b’ に変換され 2 文字シフトできていることがわかります。

decode 関数の考え方ですが，シフトする文字数を s で暗号化した文字は，w − s 文字シフトすると，もとの文字に戻すことができます。したがって decode 関数は，encode 関数を呼び出すことで実装できます。

これらの性質を利用してプログラムを記述します。プログラムは，prog0721.c です。prog0719.c と prog0720.c に加筆修正した部分は，太字で示しました。prog0719.c と prog0720.c の両方の機能を兼ね備えていますが，encode，decode，main 関数は，簡潔に記述できていることがわかります。

▶ prog0721.c ◀

```c
/* prog0721.c */

#include <stdio.h>
#include <string.h>

void encode(char org_str[], char encode_str[], int s, int w)
{
    int i;

    for (i = 0; i < strlen(org_str) + 1; i++) {
        if ((org_str[i] >= 'a') && (org_str[i] <= 'z')) {
            encode_str[i] = (org_str[i] - 'a' + s) % w + 'a';
        } else {
            encode_str[i] = org_str[i];
        }
    }
}

void decode(char encode_str[], char decode_str[], int s, int w)
{
    encode(encode_str, decode_str, w - s, w);
}
```

```
24   int main(void)
25   {
26       char org_str[128];
27       char encode_str[128] = {0};
28       char decode_str[128] = {0};
29       int s = 2;
30       int w = 'z' - 'a' + 1;
31
32       printf("input original string : ");
33       scanf("%s", org_str);
34       printf("original string %s¥n", org_str);
35
36       encode(org_str, encode_str, s, w);
37       printf("encode string %s¥n", encode_str);
38
39       decode(encode_str, decode_str, s, w);
40       printf("decode string %s¥n", decode_str);
41
42       return 0;
43   }
44
45   実行結果
46   input original string : abc
47   original string abc
48   encode string cde
49   decode string abc
```

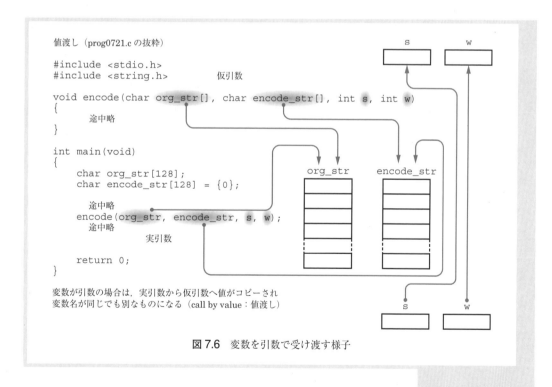

図7.6　変数を引数で受け渡す様子

　図7.6 は，int 型の変数 s と w を引数で受け渡す様子を示したもの
です。変数は実引数と仮引数で異なる記憶領域になっています。実引数
から仮引数へコピーされます。このようなやり取りを値渡し（call by
value）といいます。

7.22 剰余を使った暗号化（文字の値が１つずつ増えない場合の対応）

　prog0721.c の encode 関数は，‘a’から‘z’にかけて値が１つずつ増えていくコード体系の場合に成り立ちます。これが成り立たない場合はどうすればよいでしょうか。このようなコード体系の例として，表 7.1 に示す EBCDIC（Extended Binary Coded Decimal Interchange Code：エビシディック）コードがあります。ノート PC では見かけませんが，IBM 系のメインフレームやオフィスコンピュータなどで使用されています。将来，これらのコンピュータを使って仕事をする場合は，注意してください。

表 7.1　EBCDIC コードの例

	00	10	20	30	40	50	60	70	80	90	A0	B0	C0	D0	E0	F0
0					sp	&	-	コ	テ	ハ	ム	リ	{	}	¥	0
1						ウ	/	サ	a	j	~	ル	A	1		1
2					。	エ	イ	シ	b	k	s	レ	B	K	S	2
3					「	オ	ウ	ス	c	l	t	ロ	C	L	T	3
4					」	ャ	エ	セ	d	m	u	ワ	D	M	U	4
5					、	ユ	オ	ソ	e	n	v	ン	E	N	V	5
6					・	ヨ	カ	タ	f	o	w	゜	F	O	W	6
7					ヲ	ッ	キ	チ	g	p	x	゜	G	P	X	7
8					ァ	ー	ク	ツ	h	q	y		H	Q	Y	8
9					ィ	ア	ケ	'	i	r	z		I	R	Z	9
A					€	!	¦	:	ト	ヒ	メ					
B					.	$	,	#	ナ	フ	モ					
C					<	*	%	@	ニ	ヘ	ヤ					
D					(	)	_	'	ヌ	ホ	ユ					
E					+	;	>	=	ネ	マ	ヨ					
F					|	¬	?	"	ノ	ミ	ラ					

　この問題の解決策は，‘a’から‘z’の順序関係を文字の配列に定義します。プログラムでは char alphabet[ ] = "abcdefghijklmnopqrstuvwxyz"; のように宣言します。配列 alphabet の中から該当する文字を検索し，その添字で暗号化する方法です。もとの文字が発見された添字を find，シフトする文字数を s，a から z までの文字数を w とすると，以下の式で示される添字の文字が暗号化した文字になります。

```
(find + s) % w
```

　たとえば，もとの文字が a の場合は，find は 0 になります。シフト

する文字数 s は 1，a から z までの文字数 w は 26，これを計算すると 1 になり，alphabet [1] は b になり，暗号化できていることがわかります。

　この性質を利用してプログラムを記述します。プログラムは，prog0722.c です。加筆修正部分を太字で示しました。

　文字の配列は alphabet です。配列 alphabet は，グローバル（Global）変数として宣言しています。グローバル変数は，プログラムのどこからでも参照できる変数です。このように関数の外部で変数を宣言することによって，同一ファイル内で定義されたすべての関数から参照できるようになります。引数を使わなくても関数間で情報のやり取りができ，複数の関数が情報を共有する場合にメリットがあります。一方，不注意でどこかの関数がグローバル変数の値を書き換えてしまう危険もあります。不注意による書き換え防止策として，const を付けます。変数や配列に const を付けると，その変数や配列の書き換えが不可になります。なお，関数内部で宣言する変数は，ローカル（Local）変数といって，グローバル変数と区別しています。

　search 関数は，文字の配列 alphabet の中から一致する文字を検索し，その添字を返却します。文字が見つからない場合は，-1 を返却します。関数名の前に int が付いています。これは int 型の値を返却することを意味しています。返却とは，関数を呼び出したところに値が戻ると考えてください。これまで何度も出てきた void の場合は，返却値がないことを意味しています。

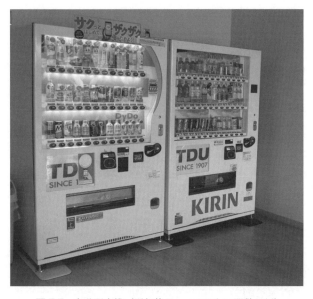

図 7.7　自動販売機（返却値が void でない関数の例）

　　　　　　　　引数と返却値は，初学者にとって難しい概念の1つです。一例ですが，
図7.7に示す自動販売機を関数に例えてみましょう。自動販売機を利用
するために，お金を入れます。このお金が引数に相当します。次に商品
を選びます。その結果，商品が出てきます。この商品が返却値に相当し
ます。返却値の型は関数名の前に記述します。voidでない関数の例は，
8章から11章で取り上げます。

▶ prog0722.c ◀

```
1   /* prog0722.c */
2
3   #include <stdio.h>
4   #include <string.h>
5
6   const char alphabet[ ] = "abcdefghijklmnopqrstuvwxyz";
7
8   int search(int ch, int w)
9   {
10      int i;
11      int find = -1;
12
13      for (i = 0; i < w; i++) {
14          if (alphabet[i] == ch) {
15              find = i;
16              break;
17          }
18      }
19
20      return find;
21  }
22
23  void encode(char org_str[], char encode_str[], int s, int w)
24  {
25      int i;
26      int find;
27
28      for (i = 0; i < strlen(org_str) + 1; i++) {
29          find = search(org_str[i], w);
30          if (find < 0) {
31              encode_str[i] = org_str[i];
32          } else {
33              encode_str[i] = alphabet[(find + s) % w];
34          }
35      }
36  }
37
38  void decode(char encode_str[], char decode_str[], int s, int w)
39  {
40      encode(encode_str, decode_str, w - s, w);
41  }
42
43  int main(void)
44  {
45      char org_str[128]
46      char encode_str[128] = {0};
47      char decode_str[128] = {0};
48      int s = 2;
49      int w;
```

```
50
51      w = strlen(alphabet);
52
53      printf("input original string : ");
54      scanf("%s", org_str);
55
56      printf("original string %s¥n", org_str);
57
58      encode(org_str, encode_str, s, w);
59      printf("encode string %s¥n", encode_str);
60
61      decode(encode_str, decode_str, s, w);
62      printf("decode string %s¥n", decode_str);
63
64      return 0;
65   }
66
67   実行結果
68   input original string : abc
69   original string abc
70   encode string cde
71   decode string abc
```

7.23　search 関数の while 文による記述

　prog0722.c の search 関数は，while 文を使って書き換えることが
できます。ここでは search 関数のみ示します。プログラムは，prog
0723.c になります。加筆修正した部分は，太字で示しました。while
文は，以下の構造になっています。

while（式）文

　式が成立している間（式を評価した結果が非 0 になっている間），文
を繰り返します。また，break 文で繰り返しを抜けます。文が複数あ
る場合は，{ } の中に複数の文を入れ，複合文（ブロック）にします。
式については，4 章の if 文で学習しました。

　// の記述は，コメントです。// 以降行末までがコメントになります。
// は素早くコメントにできるメリットがあります。複数の行をコメン
トにする場合は，/* */ を利用するとよいでしょう。

▶ prog0723.c ◀

```
1    /* prog0723.c */
2
3    // 途中は prog0722.c と同じため省略
4
5    int search(int ch, int w)
6    {
7        int i = 0;
8        int find = -1;
9
10       while (i < w) {
```

```
11        if (alphabet[i] == ch) {
12            find = i;
13            break;
14        }
15        i++;
16    }
17
18    return find;
19 }
20
21 // 途中はprog0722.cと同じため省略
```

prog0723.c の search 関数は，while 文の中の break 文を使わないで記述することもできます。search 関数のみ示します。プログラムは，prog0724.c です。加筆修正した部分は，太字で示しました。while 文の式 ((i < w) && (find == -1)) は，文字数 w を超えない範囲であること，該当する文字が見つからないこと，の両方が成り立つ間，繰り返す仕組みです。

▶ prog0724.c ◀

```
1  /* prog0724.c */
2
3  // 途中はprog0723.cと同じため省略
4
5  int search(int ch, int w)
6  {
7      int i = 0;
8      int find = -1;
9
10     while ((i < w) && (find == -1)) {
11         if (alphabet[i] == ch) {
12             find = i;
13         }
14         i++;
15     }
16
17     return find;
18 }
19
20 // 途中はprog0723.cと同じため省略
```

練習問題

1. "apple" の文字列の最後がヌル文字になっていることを示す prac
   0701.c を，実行結果を参考に作成しなさい。

   実行結果
   97
   112
   112

第7章 暗号

```
108
101
0
```

2. prog0719.c の main 関数を修正し，3 回実行できるようにしなさい。

3. prog0722.c を大文字の A から Z の文字にも対応できるように修正
   し，prac0703.c を完成しなさい。

4. prac0703.c を改良し，英字の大文字，小文字，数字，プログラム
   で使われる主な記号（{ } ( ) + - * / = < > ; ,）を対象にで
   きるように変更しなさい（ヒント：prog0722.c の 6 行目を変えるだ
   けでよい）。

   このとき，alphabet の文字の順をいろいろ変更しても，暗号化，
   復号化が正しくできることを確かめなさい（これによって，より解読
   しにくい暗号化が実現できる）。

5. 文字列を反転する関数 reverse を作成し，キーボードから入力し
   た文字列を反転して表示するプログラム prac0705.c を作りなさい。
   次のひな型を使いなさい。

```c
#include <stdio.h>
#include <string.h>

void reverse(char orig[], char rev[])
{
}

int main(void)
{
    return 0;
}
```

6. 返却値が int の関数の例として，n の階乗を求める関数 factorial
   を作成し，それを使って 1 から 10 の階乗を表示するプログラム prac
   0706.c を作りなさい。また，次のひな型を使いなさい。

```c
#include <stdio.h>

int factorial(int n)
{
}

int main(void)
{
    return 0;
}
```

••● 7章のまとめ ●••

1. 文字の扱い

コンピュータ内部では，文字は数字で扱われている。

(1) 文字に対応する数字を表示
• 文字を %d で表示すると対応する数を表示

```
printf("%d", 'a');        // 97 を表示
printf("%d", 'd');        // 100 を表示
printf("%d", 'd' - 'a');  // 3 を表示
```

(2) 数字に対応する文字を表示
• putchar 関数は数字に対応する文字を表示

```
putchar(97);        // a を表示
putchar('a' + 3);   // d を表示
```

2. 関数

(1) 配列を仮引数とする関数の例
• 配列の仮引数は関数内で値を変更可能
• copy 関数は st の内容をナル文字まで cp にコピー

```
void copy(char st[], char cp[]) {
  int i;
  for (i = 0; i <= strlen(st); i++)
    cp[i] = st[i];
}
```

(2) 返却値のある関数の例
• 以下の strlen 関数は s の文字数を返す自作した関数

```
int strlen(char s[]) {
  int i;
  for (i = 0; s[i] != '¥0'; i++);
                    // ナル文字を探す
  return i;    //i が文字数に一致
}
```

3. シーザー暗号

• シーザー暗号は，アルファベットを s 文字シフトして暗号化する。ただし，文字 z は a に戻る。
  "apple" → "dssoh"（3 文字シフト）
  "zone" → "crqh"（3 文字シフト）
• org はもとの文字，enc は org を暗号化した文字，s はシフト数，w はアルファベットの文字数。

(1) 暗号化 1（a から z の数字が連続しているとき）

```
enc = (org - 'a' + s) % w + 'a';
```

(2) 暗号化 2（a から z の数字が連続でないとき）
• 文字列 alph はアルファベット列（"abcd...xyz"）
• find は org の文字列 alph 内の位置

```
enc = alph[(find + s) % w];
```

4. 暗号化プログラム

暗号化 2 を使い，キー入力した文字列を暗号化し復号化するプログラム。
• search 関数は alph 内の文字の位置を返却
• encode 関数は暗号化
• decode 関数は encode 関数を使って複合化

```
#include <stdio.h>
#include <string.h>
char alph[ ] =
  "abcdefghijklmnopqrstuvwxyz";
int w = 26;   // アルファベット文字数

int search(char ch) {
  int i;
  for (i = 0; i < w; i++)
    if (alph[i] == ch)
      return i;
  return -1;    // 英小文字でなければ -1 を返却
}
void encode(char org[], char enc[],
int s) {
  int i, find;
  for (i = 0; i <= strlen(org); i++) {
    find = search(org[i]);
    if (find < 0)
      enc[i] = org[i];
    else
      enc[i] = alph[(find + s) % w];
  }
}
void decode(char enc[], char dec[],
int s) {
  encode(enc, dec, w - s);
}
int main(void) {
  char org[128], enc[128], dec[128];
  int s = 2;    // シフト数
  printf("string? "); scanf("%s", org);
  encode(org, enc, s); // 暗号化して enc へ
  decode(enc, dec, s); // 復号化して dec へ
  printf("origin: %s¥n", org);
  printf("encode: %s¥n", enc);
  printf("decode: %s¥n", dec);
  return 0;
}
```

5. while 文による繰り返し

while 文は条件式が成立する間処理を繰り返す。

```
while (i < w) {
  if (alph[i] == ch) {
    find = i;
    break;    // 繰り返しを脱出
  }
  i++;
}
```

文字の出現頻度

C言語のプログラムには，アルファベットや数字などいろいろな文字が含まれます。表8.1はASCIIコード表を示したものです。ASCII（American Standard Code for Information Interchange）コード表は，コンピュータ内部で扱う文字と数字の対応を定義したものです。この章では，今までに作成したプログラムの中に含まれるaからzの文字の個数，すなわち文字の出現頻度を求めます。文字を数える対象のプログラムが短ければ，エディタでソースプログラムを開き，目視でも数えることができます。しかし，長いプログラムになると大変です。

本章では，ファイルを読み込むために必要なファイルのオープンやクローズを説明し，プログラムの行数を表示するプログラム，文字の出現頻度を求めるプログラムへ発展させていきます。

表8.1 ASCII コード表

文字	10進	16進	文字	10進	16進	文字	10進	16進	文字	10進	16進	文字	10進	16進	文字	10進	16進	文字	10進	16進	文字	10進	16進
NUL	0	00	DLE	16	10	SP	32	20	0	48	30	@	64	40	P	80	50	`	96	60	p	112	70
SOH	1	01	DC1	17	11	!	33	21	1	49	31	A	65	41	Q	81	51	a	97	61	q	113	71
STX	2	02	DC2	18	12	"	34	22	2	50	32	B	66	42	R	82	52	b	98	62	r	114	72
ETX	3	03	DC3	19	13	#	35	23	3	51	33	C	67	43	S	83	53	c	99	63	s	115	73
EOT	4	04	DC4	20	14	$	36	24	4	52	34	D	68	44	T	84	54	d	100	64	t	116	74
ENQ	5	05	NAK	21	15	%	37	25	5	53	35	E	69	45	U	85	55	e	101	65	u	117	75
ACK	6	06	SYN	22	16	&	38	26	6	54	36	F	70	46	V	86	56	f	102	66	v	118	76
BEL	7	07	ETB	23	17	'	39	27	7	55	37	G	71	47	W	87	57	g	103	67	w	119	77
BS	8	08	CAN	24	18	(	40	28	8	56	38	H	72	48	X	88	58	h	104	68	x	120	78
HT	9	09	EM	25	19	)	41	29	9	57	39	I	73	49	Y	89	59	i	105	69	y	121	79
LF	10	0a	SUB	26	1a	*	42	2a	:	58	3a	J	74	4a	Z	90	5a	j	106	6a	z	122	7a
VT	11	0b	ESC	27	1b	+	43	2b	;	59	3b	K	75	4b	[	91	5b	k	107	6b	{	123	7b
FF	12	0c	FS	28	1c	,	44	2c	<	60	3c	L	76	4c	¥	92	5c	l	108	6c	|	124	7c
CR	13	0d	GS	29	1d	-	45	2d	=	61	3d	M	77	4d	]	93	5d	m	109	6d	}	125	7d
SO	14	0e	RS	30	1e	.	46	2e	>	62	3e	N	78	4e	^	84	5e	n	110	6e	~	126	7e
SI	15	0f	US	31	1f	/	47	2f	?	63	3f	O	79	4f	_	95	5f	o	111	6f	DEL	127	7f

8.1 ファイルのオープンとクローズ

ファイルを扱うためには，最初にファイルのオープンを行います。行数を数えるためには，対象となるファイルを開く（オープンする）必要があります。C言語では prog0801.c のように記述します。ここでは

prog0801.c（自分自身）を開いて文字数を数えます。prog0201.c に加筆修正した部分を太字で示します。

FILE 型の変数 file を宣言しています。FILE 型は，ファイルを扱うための型になります。変数名の前に * が付いています。これはポインタを意味しています。ポインタは，記憶領域の位置を示すものになります。

ファイルを開く関数は，fopen 関数になります。1 番目の実引数はファイル名を，2 番目の実引数は読み込み（read only）を意味する文字の r を与えています。ファイルが開けなかった場合は，fopen 関数の値は NULL になります。存在しないファイル名を指定した場合等が，これに該当します。

if 文で，ファイルが開けたか否かを判定し，その結果を表示しています。ファイルが開けた場合は，「ファイルを開けました。」を表示し，最後に fclose 関数でファイルをクローズします。

▶ prog0801.c ◀

```
 1  /* prog0801.c */
 2
 3  #include <stdio.h>
 4
 5  int main(void)
 6  {
 7      FILE *file;
 8
 9      file = fopen("prog0801.c", "r");
10      if (file == NULL) {
11          printf(" ファイルを開けません。¥n");
12      } else {
13          printf(" ファイルを開けました。¥n");
14          fclose(file);
15      }
16
17      return 0;
18  }
19
20  実行結果
21  ファイルを開けました。
```

存在しないファイル名を指定すると，どうなるでしょうか。さっそくためしてみましょう。prog0801.c は prog0802.c の名前で保存します。以下のように fopen 関数のファイル名を存在しないファイル名の prog9999.c に書き換えて保存し，prog0802.c をコンパイル，実行を行ってください。存在しないファイルは開けませんので，FILE 型の変数 file は NULL になり「ファイルを開けません。」が表示されます。

```
1    /* prog0802.c */
2
3    #include <stdio.h>
4
5    int main(void)
6    {
7        FILE *file;
8
9        file = fopen("prog9999.c", "r");
10
11   省略（prog0801.cと同じ）
12
13   実行結果
14   ファイルを開けません。
```

8.2 ファイルから1行入力

　行数は，どのように数えればよいでしょうか。まず，ファイルから最初の1行を入力することを考えます。これには fgets 関数を使います。prog0802.c は prog0803.c の名前で保存します。prog0802.c に修正を加えた部分を，太字で示します。変更内容は，以下のとおりです。

　ファイルから入力する1行分の文字列を入れておくために，文字型の配列 line を宣言します。大きさは 128 で，後述する改行を含め 127文字まで入ります。

　fopen 関数のファイル名は，オープンするファイルである prog0801.cに戻します。

　fgets 関数の1番目の実引数は，入力した1行分の文字列を入れておく配列 line，2番目の実引数は入力する配列の大きさ，3番目の実引数は file を指定します。

　入力した文字列を printf 関数で表示します。文字列の変換指定は %s になります。プログラムを実行すると，ファイル prog0801.c からその1行目が入力され，表示できたことがわかります。ここで注意することは，%s のあとに ¥n が付いていないことです。fgets 関数は行末の改行，すなわち表 8.1 に示した LF（10進数で 10，16進数で 0a）も入力するため，これが ¥n になります。prog0801.c の先頭行は /* prog0801.c */ の 16 文字ですが，配列 line には LF を含め 17 文字が入力されています。

▶ prog0803.c ◀

```
1    /* prog0803.c */
2
3    #include <stdio.h>
```

```
 4
 5   int main(void)
 6   {
 7       FILE *file;
 8       char line[128];
 9
10       file = fopen("prog0801.c", "r");
11       if (file == NULL) {
12           printf("ファイルを開けません。¥n");
13       } else {
14           printf("ファイルを開けました。¥n");
15           fgets(line, 128, file);
16           printf("%s", line);
17           fclose(file);
18       }
19
20       return 0;
21   }
22
23   実行結果
24   ファイルを開けました。
25   /* prog0801.c */
```

8.3　ファイルの内容のすべてを表示

　あとは，ファイルの終わりまで，1行ずつ，繰り返して入力すればよいことになります。何回繰り返せばよいでしょうか。それは，行数を数えてみないとわかりません。そのため，繰り返し回数を定めなければならない for 文を用いることはできません。したがって，不定回の繰り返しを実現する while 文を使います。while 文は，式が成立している間，繰り返す文です。while 文は 7.23 節で説明しました。

　繰り返しの終了は，どのように判断すればよいでしょうか。ファイルの終わり，すなわち，入力すべきものがなくなったことがわかればよいことになります。fgets 関数は，入力すべきものがなくなったときに NULL になります。

　prog0803.c に加筆修正を加えたプログラムを prog0804.c の名前で保存します。prog0803.c に修正を加えた部分を，太字で示します。変更内容は，以下のとおりです。

　while 文の条件に fgets 関数を使って終了条件を記述します。この while 文では fgets 関数で読み込んだ値が NULL でない間，読み込みとその値を表示することを繰り返します。この判定には，!= を使います。読み込んだ値が NULL の場合は，ファイルをクローズします。

　プログラムを実行すると，prog0801.c のすべてが表示されたことがわかります。

```
 1   /* prog0804.c */
 2
 3   #include <stdio.h>
 4
 5   int main(void)
 6   {
 7       FILE *file;
 8       char line[128];
 9
10       file = fopen("prog0801.c", "r");
11       if (file == NULL) {
12           printf("ファイルを開けません。¥n");
13       } else {
14           printf("ファイルを開けました。¥n");
15           while (fgets(line, 128, file) != NULL) {
16               printf("%s", line);
17           }
18           fclose(file);
19       }
20
21       return 0;
22   }
23
24   実行結果
25   ファイルを開けました。
26   /* prog0801.c */
27
28   #include <stdio.h>
29
30   int main(void)
31   {
32       FILE *file;
33
34       file = fopen("prog0801.c", "r");
35       if (file == NULL) {
36           printf("ファイルを開けません。¥n");
37       } else {
38           printf("ファイルを開けました。¥n");
39           fclose(file);
40       }
41
42       return 0;
43   }
```

8.4 行数のカウント

あとは，行数を数えればよいことになります。prog0804.c に加筆修正を加えたプログラムを prog0805.c の名前で保存します。prog0804.c に修正を加えた部分を，太字で示します。変更内容は，以下のとおりです。

行数を数える int 型の変数 count を宣言し，初期値は 0 にしておきます。

while 文の中の printf 関数が 1 回実行されると 1 行入力できたこ

とになりますので，count を 1 増やします。

そこで，while 文のあとに count を表示します。この値が行数になります。

▶ prog0805.c ◀

```
 1   /* prog0805.c */
 2
 3   #include <stdio.h>
 4
 5   int main(void)
 6   {
 7       FILE *file;
 8       char line[128];
 9       int count = 0;
10
11       file = fopen("prog0801.c", "r");
12       if (file == NULL) {
13           printf("ファイルを開けません。¥n");
14       } else {
15           printf("ファイルを開けました。¥n");
16           while (fgets(line, 128, file) != NULL) {
17               printf("%s", line);
18               count++;
19           }
20           printf("行数 %d¥n", count);
21           fclose(file);
22       }
23
24       return 0;
25   }
26
27   実行結果
28   prog0804.c の実行結果と同じため途中省略
29
30   行数 18
```

8.5 行番号の表示

各行の先頭に，行番号を付けるにはどうすればよいでしょうか。そうですね，行番号，すなわちプログラムの行数を表示したあとに，その内容を表示すればよいことになります。prog0805.c に加筆修正を加えたプログラムを prog0806.c の名前で保存します。prog0805.c に修正を加えた部分を，太字で示します。変更内容は，以下のとおりです。

▶ prog0806.c ◀

```
 1   /* prog0806.c */
 2
 3   途中省略 (prog0805.c と同じ)
 4
 5           while (fgets(line, 128, file) != NULL) {
 6               printf("%d %s", count, line);
```

```
 7            count++;
 8        }
 9
10    途中省略 (prog0805.c と同じ)
11
12    実行結果
13    C:¥Users¥dohi>a
14    ファイルを開けました。
15    0   /* prog0801.c */
16    1
17    2   #include <stdio.h>
18    3
19    4   int main(void)
20    5   {
21    6       FILE *file;
22    7
23    8       file = fopen("prog0801.c", "r");
24    9       if (file == NULL) {
25    10          printf("ファイルを開けません。¥n");
26    11      } else {
27    12          printf("ファイルを開けました。¥n");
28    13          fclose(file);
29    14      }
30    15
31    16      return 0;
32    17 }
33    行数 18
```

while 文の中の printf 関数に，%d と count を追加しただけです。

実行結果が何か変です。先頭行の行番号が 0 になりました。さらに行数が増え，行番号の桁が増えると，プログラムが右にずれています。改善策は，行数を数える式の count++ を printf 関数の前に移動することと，変換指定の %d を，たとえば %4d にすることです。%4d の 4 は，変数 count を 4 桁の幅で右詰めにして表示する変換指定です。5.4 節でも説明しました。この数字は，最小フィールド幅といいます。prog0806.c に加筆修正を加えたプログラムを prog0807.c の名前で保存します。prog0806.c に修正を加えた部分を，太字で示します。

▶ prog0807.c ◀

```
 1    /* prog0807.c */
 2
 3    途中省略 (prog0806.c と同じ)
 4
 5            while (fgets(line, 128, file) != NULL) {
 6                count++;
 7                printf("%4d %s", count, line);
 8            }
 9
10    途中省略 (prog0806.c と同じ)
11
12    実行結果
13    C:¥Users¥dohi>a
14    ファイルを開けました。
15       1 /* prog0801.c */
16       2
```

```
17      3 #include <stdio.h>
18      4
19      5 int main(void)
20      6 {
21      7
22        :
23  途中省略
24        :
25     16
26     17      return 0;
27     18 }
28  行数 18
```

8.6　行数の表示

　　　　　　行数だけを表示するにはどうすればよいでしょうか。while 文の中
の printf 関数をコメントにするか，もしくは削除すると，行数だけが
表示できるようになります。prog0807.c に加筆修正を加えたプログラ
ムを prog0808.c の名前で保存します。prog0807.c に修正を加えた部分
は printf 関数を削除したところです。

▶ prog0808.c ◀

```
1  /* prog0808.c */
2
3  途中省略
4
5          while (fgets(line, 128, file) != NULL) {
6              count++;
7          }
8
9  途中省略
10
11 実行結果
12 ファイルを開けました。
13 行数 18
```

8.7　文字数の表示

　　　　　　次は，文字数を数えるプログラムを考えてみましょう。prog0808.c
に加筆修正を加えたプログラムを prog0809.c の名前で保存します。
prog0808.c に修正を加えた部分を，太字で示します。変更内容は，以
下のとおりです。

　　配列 line の宣言部分は，1 文字入力するために int 型の変数 ch に
変更します。ファイルから 1 文字入力する関数は fgetc になります。
fgetc 関数はファイルから 1 文字を char 型の値として読み取り int
型に変換します。実引数は，file になります。fgetc 関数は，入力す

べきものがなくなったときに EOF（End Of File）になります。EOF は
ファイルの終わりを示すものです。

▶ prog0809.c ◀

```
 1  /* prog0809.c */
 2
 3  #include <stdio.h>
 4
 5  int main(void)
 6  {
 7      FILE *file;
 8      int ch;
 9      int count = 0;
10
11      file = fopen("prog0801.c", "r");
12      if (file == NULL) {
13          printf(" ファイルを開けません。¥n");
14      } else {
15          printf(" ファイルを開けました。¥n");
16          while ((ch = fgetc(file)) != EOF) {
17              count++;
18          }
19          printf(" 文字数 %d¥n", count);
20          fclose(file);
21      }
22
23      return 0;
24  }
25
26  実行結果
27  ファイルを開けました。
28  文字数  277
```

8.8　文字数について

　文字数について，詳しく見てみましょう。図 8.1 に示すように 1 行だ
けのファイルを作成します。ファイル名は，d.c にしておきます。

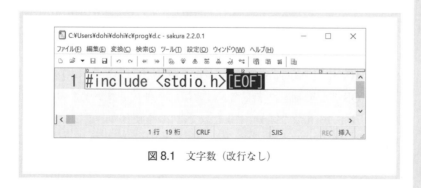

図 8.1　文字数（改行なし）

　prog0809.c に加筆修正を加えたプログラムを prog0810.c の名前で保
存します。prog0809.c に修正を加えた部分を，太字で示します。

実行結果の文字数は18となり，#include <stdio.h>の間のスペースも1文字としてカウントされていることがわかります。

▶ prog0810.c ◀

```
1   /* prog0810.c */
2
3   途中省略
4
5       file = fopen("d.c", "r");
6
7   途中省略
8
9   実行結果
10  ファイルを開けました。
11  文字数  18
```

　次は図8.1のプログラムの最後に改行を入れ，図8.2に示すように［EOF］が最後の行になるようにしd.cに保存します。

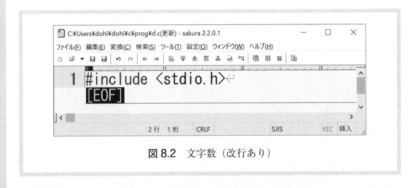

図8.2　文字数（改行あり）

　実行すると，文字は19文字になりました。Windowsパソコンでテキストファイルを表示するときには，行末を示す復帰（Carriage Return）と改行（Line Feed）の計2文字が含まれます。復帰は，16進数では0d，10進数では13になります。改行は，16進数では0a，10進数では10になります。ただしfgetc関数は，復帰と改行の2文字は，改行の1文字として数えるため，20文字にならず19文字になります。図8.2では行末の折れ曲がった矢印が，これに該当します。筆者が学生の頃，CP/M（Control Program for Microcomputers，シーピーエム）がパソコンのOSとしてはやりました。この頃，テキストファイルの終わり（EOF）は，16進数では1a，10進数では26を使っていました。今は，使われていないようです。インターネットでいろいろと探ってみてください。

実行結果
ファイルを開けました。
文字数 19

第8章　文字の出現頻度

ファイルの大きさは，コマンド プロンプトで調べることができます。図8.3に示すようにdirコマンドを使うと，ファイルの大きさを表示できます。この場合20バイトになります。

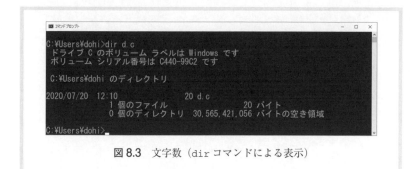

図8.3 文字数（dirコマンドによる表示）

図8.4に示すようにコマンド プロンプトでcertutilコマンドを使うと，ファイルの内容を16進数に変換できます。さっそくためしてみましょう。certutilに続けて-encodehexを記述し，変換前のファイル名d.cと変換後のファイル名，ここではkillme.txtを指定します。その結果をtypeコマンドで表示すると，ファイルの最後が0d 0aになっていることがわかります。typeコマンドは，ファイルの内容を表示します。

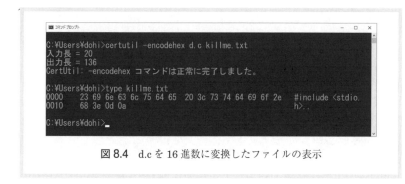

図8.4 d.cを16進数に変換したファイルの表示

8.9 aの文字数

ファイルの中に含まれる英小文字aの個数を数えてみましょう。prog0809.cに加筆修正を加えたプログラムをprog0811.cの名前で保存します。prog0809.cに修正を加えた部分を，太字で示します。変更内容は，以下のとおりです。

while文の中でaの文字を発見するためにif文を追加し，aを発見した場合はcountを1つ増やします。while文が終わった直後に，

printf 関数を使って変数 count を表示します。while 文の直後ではありませんので，注意してください。prog0801.c には main 関数に a があり，a の個数は 1 で合っています。

▶ prog0811.c ◀

```
1    /* prog0811.c */
2
3    #include <stdio.h>
4
5    int main(void)
6    {
7        FILE *file;
8        int ch;
9        int count = 0;
10
11       file = fopen("prog0801.c", "r");
12       if (file == NULL) {
13           printf("ファイルを開けません。¥n");
14       } else {
15           printf("ファイルを開けました。¥n");
16           while ((ch = fgetc(file)) != EOF) {
17               if (ch == 'a') {
18                   count++;
19               }
20           }
21           printf("aの文字数 %d¥n", count);
22           fclose(file);
23       }
24
25       return 0;
26   }
27
28   実行結果
29   ファイルを開けました。
30   aの文字数 1
```

8.10　aからzの文字数

　ファイルに含まれる a から z までの文字の個数を数えるには，どうすればよいでしょうか。prog0811.c の考え方で文字を数えると，変数が 26 個必要になり，さらに if 文が多くなり複雑なプログラムになります。この問題を解決する方法は，配列を使うことです。prog0811.c に加筆修正を加えたプログラムを prog0812.c の名前で保存します。修正を加えた部分を，太字で示します。変更内容は，以下のとおりです。

　int 型の配列 count を宣言します。大きさは 26 で，その要素を 0 で初期化します。配列の初期化は，7.8 節で説明しました。

　int 型の変数 i を宣言します。for 文の制御変数として使います。

　if 文は，a から z までの文字を対象にします。7 章で取り上げた文字コードに着目し，a の文字が配列 count の 0 番目に，z の文字が配列

count の 25 番目に対応するように添字を計算し，該当する配列の要素
に 1 を加えます。なお，文字コードが EBCDIC コードの場合は，別な
対応が必要です。

　while 文が終了したあと，文字と count の要素を for 文で表示しま
す。

▶ prog0812.c ◀

```
 1  /* prog0812.c */
 2
 3  #include <stdio.h>
 4
 5  int main(void)
 6  {
 7      FILE *file;
 8      int ch;
 9      int count[26] = {0};
10      int i;
11
12      file = fopen("prog0801.c", "r");
13      if (file == NULL) {
14          printf(" ファイルを開けません。¥n");
15      } else {
16          printf(" ファイルを開けました。¥n");
17          while ((ch = fgetc(file)) != EOF) {
18              if ((ch >= 'a') && (ch <= 'z')) {
19                  count[ch - 'a']++;
20              }
21          }
22          for (i = 0; i < 26; i++) {
23              printf("%c の文字数 %d¥n", 'a' + i, count[i]);
24          }
25          fclose(file);
26      }
27
28      return 0;
29  }
30
31  実行結果
32  ファイルを開けました。
33  a の文字数 1
34  b の文字数 0
35  c の文字数 4
36  d の文字数 3
37      :
38  途中省略
39      :
40  x の文字数 0
41  y の文字数 0
42  z の文字数 0
```

8.11　全角文字の影響

　prog0812.c は，全角文字が含まれる場合，誤った結果を表示するこ
とがあります。prog0801.c には，「ファイルを開けません。」「ファイル

を開けました。」の全角文字が含まれています。図8.5に示すように，これらの文字列だけを取り出し，e.cのファイル名で保存します。

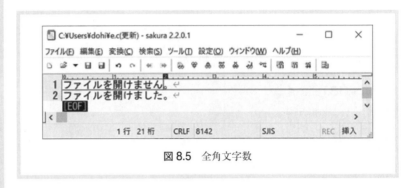

図8.5　全角文字数

　prog0812.cに加筆修正を加えたプログラムをprog0813.cの名前で保存します。prog0812.cに修正を加えた部分を，太字で示します。変更内容は，以下のとおりです。

　実行結果にtの文字が数えられています。全角文字の「フ」は2バイト文字なので16進数で表現すると83 74になります。最初の83はaからzの文字コードではないのでカウントされません。2番目の74は10進数で116になります。このコードはtと同じになります。prog0813.cは，全角文字が含まれる場合は，誤った結果を表示します。

▶ prog0813.c ◀

```
1   /* prog0813.c */
2
3   途中省略（prog0812.cと同じ）
4
5       file = fopen("e.c", "r");
6
7   途中省略（prog0812.cと同じ）
8
9   実行結果
10  ファイルを開けました。
11      :
12  途中省略
13      :
14  t の文字数  2
15  u の文字数  0
16      :
17  途中省略
```

1．prog0807.c は数字が 4 桁に満たない場合，左側にスペースが表示される。0 を埋める変換指定はインターネットで調べ，プログラムを作成しなさい。

　一例を挙げると，検索時のキーワードは「C 言語 整数の前 0」を指定するとよい。prog0807.c を prac0801.c の名前で保存し，prac0801.c を書き換えて作成しなさい。

2．prog0812.c は，a から z までの文字を数えることができた。この原理を使って，0 から 9 までの数字を数える prac0802.c を作成しなさい。prog0812.c を prac0802.c の名前で保存し，prac0802.c を書き換えて作成しなさい。

3．prog0812.c は a から z までの小文字のみを扱った。このプログラムを変更して，a から z の大文字と小文字を数えるプログラム prac0803.c を作りなさい。ここでは，A と a は同じ文字としてカウントすること。

4．prog0812.c のプログラムは，英字の文字コードが連続している場合のみ使うことができる。これに対して，7.22 節で述べたような連続しない場合のプログラムの考え方を応用して，prog0722.c の alphabet 変数や search 関数を使って，prog0812.c を文字コードが連続しない場合でも正しく実行できるプログラム prac0804.c を作成しなさい。

5．prac0804.c を prac0803.c と同様に，小文字と大文字を数える（A と a は同じ文字として扱う）プログラム prac0805.c を作成しなさい。

1. ファイルのオープンとクローズ

　ファイルを扱うときは，オープンとクローズが必要である。

- FILE 型の変数を宣言（変数名の前に * を付ける）
- fopen 関数でファイルを開く
- fopen 関数の第1引数はファイル名，第2引数は処理の型（"r"：read，"w"：write）
- open できたことをチェック
- ファイルの処理を行う
- fclose 関数でファイルを閉じる

```
FILE *file;
file = fopen("prog0801.c", "r");
if (file == NULL) {
  printf(" ファイルを開けません。¥n");
} else {
  ファイルの処理
  fclose (file); //file の close
}
```

2. ファイル読み込み命令

(1) 1行読み込み関数（fgets）

- ファイルから1行読み込み，変数に入れる関数
- ファイルが終了した場合は，NULL を返す

```
fgets( 行の変数 , 行サイズ , ファイル変数 )
```

- line は1行分を入れておく文字型の配列
- fgets 関数で1行を配列 line に入力

```
char line[256];
while (fgets(line, 256, file) != NULL) {
  line の処理
}
```

(2) 1文字読み込み関数（fgetc）

- 読み込んだ1文字を返却する関数
- ファイルが終了した場合は EOF を返却

```
fgetc( ファイル変数 )
```

- c は読み込んだ文字を入れる変数
- ファイルを最後まで1文字ずつ読む

```
int c;
while ((c = fgetc(file)) != EOF) {
  読み込んだ文字 c の処理
}
```

3. 行読み込み処理のプログラム

　先頭に行番号を付けてファイルの内容を表示するプログラム。

```
FILE *file;
char line[128];
int count = 0;
file = fopen("prog0801.c", "r");
if (file == NULL) {
  printf(" ファイルを開けません。¥n");
} else {
  while (fgets(line, 128, file)!=NULL) {
    count++;
    printf("%4d %s", count, line);
                    //%4d は4桁表示
  }
  fclose(file);
}
```

4. 文字の出現頻度のプログラム

　文字がコンピュータ内部では数字で扱われていることと配列を応用すると，ファイル中の文字の出現頻度を表示するプログラムを作成できる。

- count[0] は a の，count[25] は z の出現数
- count[c - 'a']++; は文字の出現数を数える仕組み

```
FILE *file;
int c, i;
int count[26] = {0};  // 配列を0で初期化
file = fopen("prog0801.c", "r");
if (file == NULL) {
  printf(" ファイルを開けません。¥n");
} else {
  while ((c=fgetc(file)) != EOF) {
    if (c >= 'a' && c <= 'z')
      count[c - 'a']++;
  }
  for (i = 0; i < 26; i++)
    printf("%c の数：%d¥n", 'a' + i,
           count[i]);
  fclose(file);
}
```

第**9**章　日本の人口

　少子高齢化が進む中，日本の総人口は 2008 年をピークに，減少に転じました。図 9.1 は，日本の総人口推移と将来推計で，日本の人口の様子がわかります。将来推計では，2055 年に 1 億人を下回る予測がされています。

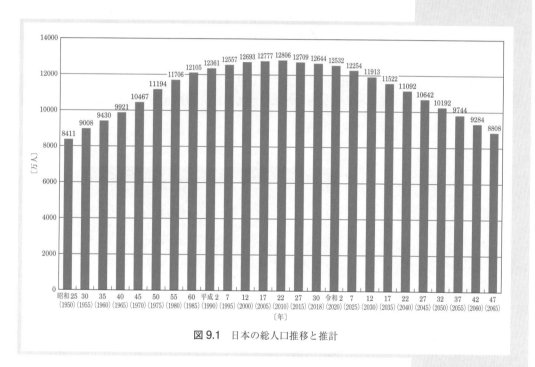

図 9.1　日本の総人口推移と推計

　このようなグラフを作るためには，統計情報が必要になります。日本の統計が閲覧できる政府統計ポータルサイトに e-Stat があります。本章では，e-Stat から国勢調査の人口の情報をダウンロードし，プログラムで入力することをためします。

9.1　ワークシートの内容を CSV 形式で保存

　手始めに，Excel で鶴亀算のワークシートを作成し，CSV 形式のファイルを作成し，これをプログラムで入力することをためします。CSV（Comma-Separated Values）は，データがコンマで区切られた形式のファイルです。

　鶴と亀が合わせて20いました。足の数を数えると，合計で70本でした。鶴と亀はそれぞれいくついますか？

　この問題を解くために作成したワークシートの様子を，図9.2に示します。A4のセルは，鶴の数を入れます。最初は1です。B4のセルは鶴の足の合計を示すので「=A4*2」，C4のセルは亀の数を示すので合計の20から鶴の数を引いて，「=20-A4」，D4のセルは亀の足の合計を示すので「=C4*4」，E4のセルは鶴と亀の足の合計を示すので「=B4+D4」の式を入力します。以下同様に，A5からA12のセルは，鶴の数を変化させるため2から9の数を入れます（鶴の数はさらに増やせますが，ここでは9羽までにしています）。B4からE4のセルの内容をコピーし，B5からE12に貼り付けると，ワークシートが完成します。鶴と亀の足の合計が70本になるのは，鶴が5羽，亀が15匹のときであることがわかります。

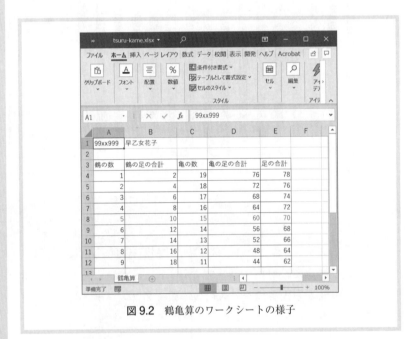

図9.2　鶴亀算のワークシートの様子

　完成したワークシートは，一旦，Excelブック形式でtsuru-kameの名前で保存しておきます。これは，セルに入力した式を保存するためです。保存先のフォルダは，図9.3に示すように，コマンド プロンプトを開いたときと同じフォルダにしておきます。

　その後，同じワークシートをCSV形式で保存するとtsuru-kame.csvファイルができます。このファイルをメモ帳で開くと，図9.4のようになります。セルの値が，コンマで区切られて文字列や数字が並んでいる

ことがわかります。この CSV 形式のファイルをプログラムで入力して
みましょう。

図 9.3 tsuru-kame.csv の保存先のフォルダ

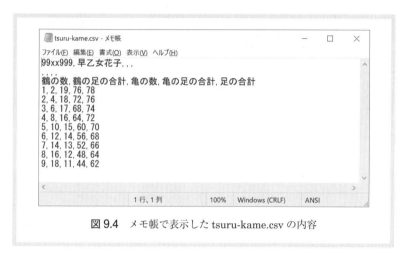

図 9.4 メモ帳で表示した tsuru-kame.csv の内容

9.2 CSV 形式のファイルのオープンとクローズ

8.1 節で説明したとおり，最初に tsuru-kame.csv が開けることを確
認します。prog0801.c を開き，加筆修正したプログラムを prog0901.c
で保存します。入力するファイル名を変更します。加筆修正した部分は，
太字で示しました。

もし，開けなかった場合は，tsuru-kame.csv の保存先を間違えてい
る可能性があります。そのほか，ファイル名を間違えていないか確認し
てください。

▶ **prog0901.c** ◀

```
1  /* prog0901.c */
2
3  #include <stdio.h>
4
5  int main(void)
6  {
7      FILE *file;
8
```

```
 9      file = fopen("tsuru-kame.csv", "r");
10      if (file == NULL) {
11          printf("ファイルを開けません。¥n");
12      } else {
13          printf("ファイルを開けました。¥n");
14          fclose(file);
15      }
16
17      return 0;
18  }
19
20  実行結果
21  ファイルを開けました。
```

9.3　データを入力するための変数の宣言

　tsuru-kame.csv の内容は，図 9.4 に示したとおりです。ここでは，先頭の 3 行は読み飛ばし，4 行目の内容を以下の変数に読み込むプログラムを考えてみます。

　先頭行は 1 行をそのまま line に入力します。この様子を図 9.5 に示します。

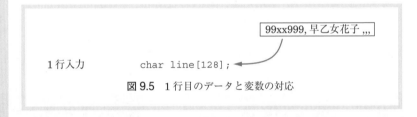

図 9.5　1 行目のデータと変数の対応

　4 行目以降は以下の変数にデータを読み込みます。この様子を図 9.6 に示します。

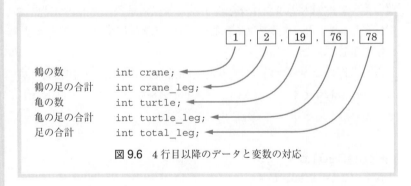

図 9.6　4 行目以降のデータと変数の対応

　まずは，変数の宣言部分を作成します。prog0901.c を加筆修正したプログラムを prog0902.c の名前で保存します。追加した部分は，太字で示しました。char 型の配列 line の大きさは 128 にしてあり，127 文字まで対応できます。実行結果は prog0901.c と同じになります。

```
1    /* prog0902.c */
2
3    #include <stdio.h>
4
5    int main(void)
6    {
7        FILE *file;
8        char line[128];
9        int crane;
10       int crane_leg;
11       int turtle;
12       int turtle_leg;
13       int total_leg;
14
15       file = fopen("tsuru-kame.csv", "r");
16
17       省略 (prog0901.c と同じ )
18
19       return 0;
20   }
21
22   実行結果
23   ファイルを開けました。
```

9.4 CSV 形式のファイルからデータを入力

　先頭の 3 行は読み飛ばし，4 行目の内容を以下の変数に読み込むプログラムを追加します。prog0902.c を加筆修正したプログラムを prog0903.c の名前で保存します。追加した部分は，太字で示しました。

　3 行並んでいる fgets 関数が，先頭の 3 行を読み飛ばします。この部分は，fgets 関数の代わりに fscanf 関数で記述することもできます。fscanf 関数は，ファイルからデータを変数に読み込みます。キーボードから入力するときは，scanf 関数を使いましたね。書式文字列は "%d,%d,%d,%d,%d" になります。%d と %d の間は，コンマで区切ります。おのおのの %d に対応した 5 つの変数は，&crane,&crane_leg, &turtle, &turtle_leg, &total_leg の順に並べます。printf 関数は，データが正しく入力できたことを確認するために入れてあります。

▶ prog0903.c ◀

```
1    /* prog0903.c */
2
3    #include <stdio.h>
4
5    int main(void)
6    {
7
8        省略 (prog0902.c と同じ )
```

```
 9
10      file = fopen("tsuru-kame.csv", "r");
11      if (file == NULL) {
12          printf(" ファイルを開けません。¥n");
13      } else {
14          printf(" ファイルを開けました。¥n");
15          fgets(line, 128, file);
16          fgets(line, 128, file);
17          fgets(line, 128, file);
18          fscanf(file, "%d,%d,%d,%d,%d", &crane, &crane_leg,
19            &turtle, &turtle_leg, &total_leg);
20          printf("%d %d %d %d %d¥n",
21            crane, crane_leg, turtle, turtle_leg, total_leg);
22          fclose(file);
23      }
24
25      return 0;
26  }
27
28  実行結果
29  ファイルを開けました。
30  1  2  19  76  78
```

実行結果を見ると，図 9.2 または図 9.4 の 4 行目のデータを正しく読み込めていることがわかります。

9.5　CSV 形式のファイルの最後まで入力

次は，ファイルの最後まで入力してみましょう。考え方は，8.3 節で説明したとおりで，while 文で記述します。prog0903.c に加筆修正したプログラムを prog0904.c の名前で保存します。加筆修正した部分は，太字で示しました。先頭の 3 行を読み飛ばす部分は，for 文で記述しました。これに伴い，for 文の制御変数の宣言で int 型の変数 i を追加しました。

▶ prog0904.c ◀

```
 1  /* prog0904.c */
 2
 3  #include <stdio.h>
 4
 5  int main(void)
 6  {
 7      FILE *file;
 8      char line[128];
 9      int crane;
10      int crane_leg;
11      int turtle;
12      int turtle_leg;
13      int total_leg;
14      int i;
15
16      file = fopen("tsuru-kame.csv", "r");
```

```
17      if (file == NULL) {
18          printf(" ファイルを開けません。¥n");
19      } else {
20          printf(" ファイルを開けました。¥n");
21          for (i = 0; i < 3; i++) {
22              fgets(line, 128, file);
23          }
24          while (fscanf(file, "%d,%d,%d,%d,%d", &crane, &crane_leg,
25            &turtle, &turtle_leg, &total_leg) != EOF) {
26              printf("%d %d %d %d %d¥n",
27                crane, crane_leg, turtle, turtle_leg, total_leg);
28          }
29          fclose(file);
30      }
31
32      return 0;
33  }
34
35  実行結果
36  ファイルを開けました。
37  1  2  19  76  78
38      :
39  途中省略
40      :
41  9  18  11  44  62
```

実行結果を見ると，図9.3のCSV形式のファイルのデータ部分の最初から最後まで入力できていることがわかります。

9.6　正解の表示

鶴亀算の答えは，変数 total_leg の値が70になったときです。これを判定する if 文を組み込み，結果を表示します。prog0904.c を加筆修正したプログラムを prog0905.c の名前で保存します。加筆修正した部分は，太字で示します。実行結果を見ると，正しい鶴と亀の数が表示されていることがわかります。

▶ prog0905.c ◀

```
1   /* prog0905.c */
2
3   #include <stdio.h>
4
5   int main(void)
6   {
7
8       省略（prog0904.c と同じ）
9
10      while (fscanf(file, "%d,%d,%d,%d,%d", &crane, &crane_leg,
11        &turtle, &turtle_leg, &total_leg) != EOF) {
12          if (total_leg == 70) {
13              printf(" 正解は，鶴が %d 羽，亀が %d 匹です。",
14                crane, turtle);
```

157

9.6　正解の表示

```
15              }
16          }
17          fclose(file);
18      }
19  }
20
21      return 0;
22  }
23
24  実行結果
25  ファイルを開けました。
26  正解は，鶴が5羽，亀が15匹です。
```

9.7 人口統計の CSV 形式のファイルのダウンロード

インターネット上には，多くの有益なデータが存在します。e-Stat は，日本の統計が閲覧できる政府統計ポータルサイトです（図9.7）。ここでは国勢調査結果のデータをダウンロードしたいので「分野」をクリックします。

図 9.7　e-Stat サイト（https://www.e-stat.go.jp/）

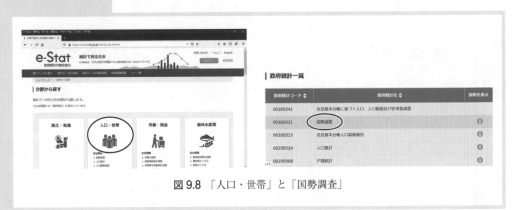

図 9.8　「人口・世帯」と「国勢調査」

次に，図 9.8 に示すように「人口・世帯」「国勢調査」の順にクリックします。

　続けて，図 9.9 に示すように「時系列データ」のファイルの部分をクリックします。「CSV 形式による主要時系列データ」の順にクリックします。

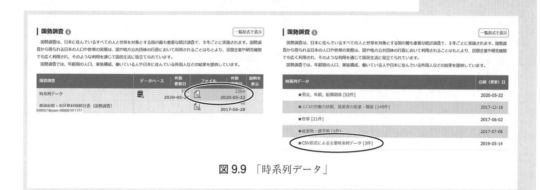

図 9.9　「時系列データ」

　さらに，図 9.10 に示すように「年齢（5 歳階級），男女別人口－全国（大正 9 年～平成 27 年）」の「CSV」をクリックします。以下，このファイルは男女別人口と呼ぶことにします。

図 9.10　「年齢（5 歳階級），男女別人口－全国（大正 9 年～平成 27 年）」

　このファイルをダウンロードすると，c02.csv という名前でダウンロードフォルダに保存されます。ダウンロードした男女別人口のファイル c02.csv をメモ帳で開くと，データがコンマで区切られていることがわかります。さらに文字列は"で囲まれていることもわかります。図 9.4 と異なるのは，文字列の扱いが異なることです。この様子を図 9.11 に示します。文字列が"（ダブルクォーテーション）で囲まれていることがわかります。

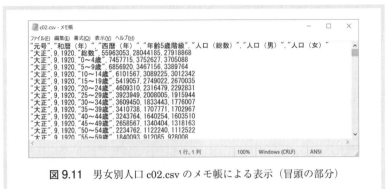

図 9.11 男女別人口 c02.csv のメモ帳による表示（冒頭の部分）

c02.csv の末尾の部分を図 9.12 に示します。末尾には，データとは無関係な注が記載されており，この部分は削除します。

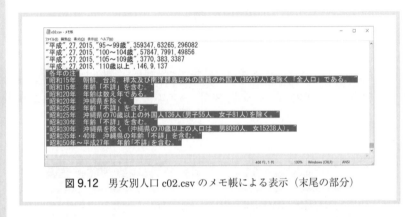

図 9.12 男女別人口 c02.csv のメモ帳による表示（末尾の部分）

削除した結果を図 9.13 に示します。最後に c02.csv に上書き保存します。

図 9.13 末尾の注の部分を削除

9.8 人口統計の CSV ファイルのオープン

最初に c02.csv が開けることを確認します。図 9.13 に示した c02.csv は，実行する前に，コマンド プロンプトを開いたときのフォルダに移動もしくはコピーしておきます。prog0901.c を開き，加筆修正したプ

ログラムを prog0906.c の名前で保存します。加筆修正した部分は，太字で示しました。

ここでは，入力するファイル名 c02.csv は，文字型の配列 input_name に入れています。

▶ prog0906.c ◀

```
 1   /* prog0906.c */
 2
 3   #include <stdio.h>
 4
 5   int main(void)
 6   {
 7       FILE *input;
 8       char input_name[ ] = "c02.csv";
 9
10       input = fopen(input_name, "r");
11       if (input == NULL) {
12           printf("入力ファイルを開けません。¥n");
13       } else {
14           printf("入力ファイルを開けました。¥n");
15           fclose(input);
16       }
17
18       return 0;
19   }
20
21   実行結果
22   入力ファイルを開けました。
```

9.9 CSV 形式のファイルからデータを入力

先頭のヘッダ部分は 1 行をそのまま line に入力し，表示します。この対応の様子を図 9.14 に示します。

"元号","和暦（年）","西暦（年）","年齢5歳階級","人口（総数）",…以下省略…

char line[128];

図 9.14 1 行目のデータの対応

2 行目以降は以下の変数にデータを読み込み，個々の変数の値を半角のスペースで区切って表示します。この対応の様子を図 9.15 に示します。

prog0906.c を加筆修正したプログラムを prog0907.c の名前で保存します。追加した部分は，太字で示しました。

文字列の string1 と string2 の変換指定は，%s だと上手くいきません。コンマが文字列と解釈されるため，区切ることができないためで

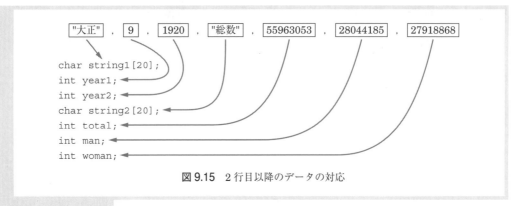

図 9.15　2 行目以降のデータの対応

す。%[^,] のように指定すると，コンマ以外は文字列の意味になり，コンマで区切れるようになります。このように，いくつかの文字列を 1 つの形式でまとめて表現するための表現方法を正規表現といいます。なお，fscanf 関数で %s を使って文字列を入力する場合は，復帰・改行を含め入力されます。これを読み飛ばすために，fscanf(input, "%s¥n", line); のように，変換指定に ¥n を使います。これに続く fscanf(input, "%[^,],%d,%d,%[^,],%d,%d,%d¥n",…も同様です。

　以上で，c02.csv ファイルの 1 行目と 2 行目を入力し，表示できました。

▶ prog0907.c ◀

```
 1  /* prog0907.c */
 2
 3  #include <stdio.h>
 4
 5  int main(void)
 6  {
 7      FILE *input;
 8      char line[128];
 9      char string1[20];
10      int year1;
11      int year2;
12      char string2[20];
13      int total;
14      int man;
15      int woman;
16      char input_name[ ] = "c02.csv";
17
18      input = fopen(input_name, "r");
19      if (input == NULL) {
20          printf("入力ファイルを開けません。¥n");
21      } else {
22          printf("入力ファイルを開けました。¥n");
23          fscanf(input, "%s¥n", line);
24          printf("%s¥n", line);
25          fscanf(input, "%[^,],%d,%d,%[^,],%d,%d,%d¥n",
26            string1, &year1, &year2, string2, &total,
```

```
27        &man, &woman);
28      printf("%s %d %d %s %d %d %d¥n",
29        string1, year1, year2, string2, total, man, woman);
30      fclose(input);
31    }
32
33    return 0;
34  }
35
36  実行結果
37  入力ファイルを開けました。
38  "元号","和暦（年）","西暦（年）","年齢5歳階級","人口（総数）","人口（男）","人口（女）"
39  "大正" 9 1920 "総数" 55963053 28044185 27918868
```

9.10 CSV 形式のファイルを最後まで入力

　ファイルを最後まで入力できるように while 文で繰り返します。prog0907.c に加筆修正したプログラムを prog0908.c の名前で保存します。加筆修正した部分は，太字で示しました。実行結果を見ると，co2. csv ファイルの最後まで読み込み表示されていることがわかります。

▶ prog0908.c ◀

```
1   /* prog0908.c */
2
3   #include <stdio.h>
4
5   int main(void)
6   {
7
8       省略（prog0907.cと同じ）
9
10      input = fopen(input_name, "r");
11      if (input == NULL) {
12          printf("入力ファイルを開けません。¥n");
13      } else {
14          printf("入力ファイルを開けました。¥n");
15          fscanf(input, "%s¥n", line);
16          printf("%s¥n", line);
17          while (fscanf(input, "%[^,],%d,%d,%[^,],%d,%d,%d¥n",
18            string1, &year1, &year2, string2, &total,
19            &man, &woman) != EOF) {
20              printf("%s %d %d %s %d %d %d¥n",
21                string1, year1, year2, string2, total, man, woman);
22          }
23          fclose(input);
24      }
25
26      return 0;
27  }
28
29  実行結果
30  入力ファイルを開けました。
31  "元号","和暦（年）","西暦（年）","年齢5歳階級","人口（総数）","人口（男）","人口（女）"
32  "大正" 9 1920 "総数" 55963053 28044185 27918868
33      :
```

34	途中省略
35	:
36	" 平成 " 27 2015 "110 歳以上 " 146 9 137

9.11 "15～19歳"のデータだけを抜き出すフィルタ

　　年齢の段階が，"15～19歳"のデータだけを抜き出すフィルタのプログラムを考えてみます。prog0908.c に加筆修正したプログラムをprog0909.c の名前で保存します。加筆修正した部分は，太字で示しました。

　　年齢の段階は string2 の配列に読み込まれます。この配列の内容と文字列 "15～19歳" の内容が一致している場合，表示すればよいことになります。

　　検索する文字列は "15～19歳" で，char 型の配列 key に入れておきます。CSV 形式のファイルの文字列には，両側に " が付いています。変数 key の値は "¥"15~19歳¥"" のように指定します。文字列の中にダブルクォーテーションを含める場合は，¥" のように指定します。ここが重要なポイントになります。

　　文字列の比較は，strcmp 関数を使います。この関数を使うために，始めの部分で string.h をインクルードします。strcmp 関数の最初の実引数は年齢の段階を示す string2 を，2 番目の引数は検索文字列を示す key を与えています。順番は，逆も可能です。文字列が一致すると strcmp 関数の値は 0 になります。

▶ prog0909.c ◀

```
1   /* prog0909.c */
2
3   #include <stdio.h>
4   #include <string.h>
5
6   int main(void)
7   {
8
9       省略（prog0907.c と同じ）
10
11      char key[ ] = "¥"15～19歳¥"";
12
13      input = fopen(input_name, "r");
14
15      if (input == NULL) {
16          printf(" 入力ファイルを開けません。¥n");
17      } else {
18          printf(" 入力ファイルを開けました。¥n");
19          fscanf(input, "%s¥n", line);
20          printf("%s¥n", line);
21          while (fscanf(input, "%[^,],%d,%d,%[^,],%d,%d,%d¥n",
```

```
22          string1, &year1, &year2, string2, &total,
23          &man, &woman) != EOF) {
24              if (strcmp(string2, key) == 0) {
25                  printf("%s %d %d %s %d %d %d¥n",
26                      string1, year1, year2, string2, total, man, woman);
27              }
28          }
29          fclose(input);
30      }
31
32      return 0;
33  }
34
35  実行結果
36  入力ファイルを開けました。
37  "元号","和暦（年）","西暦（年）","年齢5歳階級","人口（総数）","人口（男）","人口（女）"
38  "大正" 9 1920 "15〜19歳" 5419057 2749022 2670035
39      :
40  途中省略
41      :
42  "平成" 27 2015 "15〜19歳" 6008388 3085416 2922972
```

　実行結果を見ると，"15〜19歳"のデータが抽出できていることがわかります。この機能は，Excel のフィルタに相当するものです。Excel で c02.csv を開き，フィルタで 15〜19歳の推移を折れ線グラフで表示した様子を図 9.16 に示します。

図 9.16　Excel のフィルタ機能で抽出した結果をグラフで表示

9.12　"15〜19歳"のデータだけを抜き出すフィルタ（CSV 形式で出力）

　prog0909.c で抜き出したデータを CSV 形式のファイルへ出力することをためしてみましょう。prog0909.c に加筆修正したプログラムを prog0910.c の名前で保存します。加筆修正した部分は，太字で示しま

した。出力するファイル名は，c02_filter.csv にします。出力するファイルを開くときは，fopen 関数の 2 番目の引数を "w" にします。ファイルへの出力は，fprintf 関数を使います。使い方は printf 関数とほぼ同じですが，最初の引数に FILE 型の変数，output を指定することが異なります。FILE 型は，8.1 節で説明しました。なお c02_filter.csv が Excel で開いた状態になっていると，ファイルが使用中になり，開けません。プログラムを実行するときは，この点に注意してください。そのほか，偶然，c02_filter.csv の名前のファイルが存在すると，prog0910.c の実行によって，中身が上書きされますので十分注意してください。

▶ prog0910.c ◀

```c
/* prog0910.c */

#include <stdio.h>
#include <string.h>

int main(void)
{

    FILE *input;
    FILE *output;
    char input_name[ ] = "c02.csv";
    char output_name[ ] = "c02_filter.csv";
    char line[128];

    省略 (prog0909.cと同じ)

    input = fopen(input_name, "r");
    if (input == NULL) {
        printf("入力ファイルを開けません。¥n");
    } else {
        printf("入力ファイルを開けました。¥n");
        output = fopen(output_name, "w");
        if (output == NULL) {
            printf("出力ファイルを開けません。¥n");
        } else {
            printf("出力ファイルを開けました。¥n");
            fscanf(input, "%s¥n", line);
            printf("%s¥n", line);
            fprintf(output, "%s¥n", line);
            while (fscanf(input, "%[^,],%d,%d,%[^,],%d,%d,%d¥n",
              string1, &year1, &year2, string2, &total,
              &man, &woman) != EOF) {
                if (strcmp(string2, key) == 0) {
                    printf("%s %d %d %s %d %d %d¥n",
                      string1, year1, year2, string2, total,
                      man, woman);
                    fprintf(output, "%s,%d,%d,%s,%d,%d,%d¥n",
                      string1, year1, year2, string2, total,
                      man, woman);
                }
            }
            fclose(output);
        }
```

```
44          fclose(input);
45      }
46      return 0;
47  }
48  実行結果
49  入力ファイルを開けました。
50  出力ファイルを開けました。
51  "元号","和暦（年）","西暦（年）","年齢5歳階級","人口（総数）","人口（男）","人口（女）"
52  "大正"  9 1920 "15〜19歳" 5419057 2749022 2670035
53        :
54  途中省略
55        :
56  "平成"  27 2015 "15〜19歳" 6008388 3085416 2922972
57
58  type c02_filter.csvの実行結果
59  "元号","和暦（年）","西暦（年）","年齢5歳階級","人口（総数）","人口（男）","人口（女）"
60  "大正",9,1920,"15〜19歳",5419057,2749022,2670035
61        :
62  途中省略
63        :
64  "平成",27,2015,"15〜19歳",6008388,3085416,2922972
```

図 9.17 は，prog0910.c で出力したファイルを c02_filter.csv を Excel
で開き，"15〜19 歳" の合計の人数を折れ線グラフで示したものです。
図 9.16 と同じグラフになっていることがわかります。5 年ごとの推移
ですが，1965 年と 1990 年にピークがあり，1990 年以降は急激に減少
していることがうかがえます。これは深刻な問題です。

図 9.17　フィルタ

練習問題

1. 15 〜 19 歳の人口が最大だった年を求めるプログラム prac0901.c
を，実行結果にならって作りなさい。このプログラムは，prog0909.c

を少し書き換えると完成する。prog0909.c を prac0901.c の名前で保存し，作成しなさい。

```
実行結果
入力ファイルを開けました。
15 ～ 19 歳の人口が最大だった年　1965
```

2．1970 年以降，15 ～ 19 歳の合計の人数が最大だった年を求めるプログラム prac0902.c を作りなさい。このプログラムは，prac0901.c を少し書き換えると完成する。prac0901.c を prac0902.c の名前で保存し，作成しなさい。

3．キーボードから西暦年の範囲（始まりと終わり）を入力し，その範囲の年と人口の総数を表示するプログラム prac0903.c を作りなさい。このプログラムは prac0902.c を少し書き換えると完成する。

```
実行結果
入力ファイルを開けました。
始めの年？　1990
終わりの年？　2010
1990 年　123611167
1995 年　125570246
2000 年　126925843
2005 年　127767994
2010 年　128057352
```

4．人口の総数につき，前回との差（＋，－で表示）を表示するプログラム prac0904.c を作りなさい。ただし，始めの年の前回との差は 0 とする。なお，数値の前に＋，－の符号を表示する方法は，インターネットで調べること。

```
実行結果
入力ファイルを開けました。
1920 年　+0
1925 年　+3773769
1930 年　+4713183
（途中省略）
2010 年　+289358
2015 年　-962607
```

5．人口総数の前回との差が減少した年のみにつき，前回との差を表示するプログラム prac0905.c を作りなさい。このプログラムは prac0904.c を少し書き換えると完成する。第 2 次世界大戦直後と 2010 ～ 2015 年にかけて人口が減少していることがわかる。

```
実行結果
入力ファイルを開けました。
1945 年　-1076967
2015 年　-962607
```

1. CSV 形式のファイル

CSV（Comma-Separated Values）形式のファイルは，データをコンマ（,）で区切る形式のファイルである。

- Excel でファイルの種類を CSV 形式で保存
- 人口統計ファイルの抜粋

```
"元号","年","年齢","男","女"
"大正",9,"0〜4歳",3752627,3705088
"大正",9,"5〜9歳",3467156,3389764
        途中省略
"平成",27,"100〜104歳",7991,49856
"平成",27,"105〜109歳",383,3387
"平成",27,"110歳以上",9,137
```

2. データの読み込み（fscanf 関数）

ファイルの項目の読み込みは fscanf 関数を利用する。

```
fscanf(file変数, 書式, 変数指定, ...)
```

- 最初にファイルを指定する以外は scanf 関数と同じ
- scanf 関数はキーボードからの入力
- fscanf 関数はファイルからの入力
- 第2引数の書式指定

```
%d    : 整数（int 変数に入力）
%lf   : 実数（double 変数に入力）
%s    : 文字列（あとが空白や改行の場合）
%[^,] : 文字列（あとがコンマ（,）の場合）
```

- ファイルの終わりは EOF を返却

3. CSV ファイル読み込みの例

人口統計ファイル（CSV）を読み込むプログラム。

- fgets(line, 128, file); はヘッダを読み飛ばす

```
FILE *file;
char line[128], gengo[20], age[20];
int year, man, woman;

file = fopen("c02.csv", "r");
if (file == NULL) {
  printf("ファイルを開けません。¥n");
} else {
  fgets(line, 128, file);
  while (fscanf(file,
    "%[^,],%d,%[^,],%d,%d¥n", gengo,
    &year, age, &man, &woman) != EOF) {
      -- ここでデータの処理を行う --
  }
  fclose(file);
}
```

4. 文字列の比較（strcmp 関数）

文字列の等号，大小比較は strcmp 関数を利用。

- <string.h> のインクルードが必要

```
strcmp( 文字列1, 文字列2)
```

- strcmp(s1,s2) == 0 : s1 と s2 が等しい

5. ファイルの出力（fprintf 関数）

ファイルへの出力は fprintf 関数を利用する。

- fprintf 関数は第1引数に FILE 型の変数を書く以外は，printf 関数と同じ
- 既存のファイルに出力すると上書に要注意（もとの内容は消えてなくなる）
- CSV ファイルを1行出力する fprintf 関数

```
fprintf(file, "%s,%d,%s,%d,%d¥n",
  gengo, year, age, man, woman);
```

6. "15〜19歳"のデータを抜き出すプログラム

CSV ファイルを読み込み，年齢が 15〜19歳のデータを抜き出して，別の CSV ファイルに出力する。【注】文字列中の " は ¥" と書く

```
FILE *in, *out;
char line[128], gengo[20], age[20];
int year, man, woman;
char key[ ] = "¥"15〜19歳¥"";
in = fopen("c02.csv", "r");   // 入力 open
if (in == NULL) {
  printf("入力を開けません。¥n");
} else {
  out = fopen ("c02_filter.csv", "w");
                              // 出力 open
  if (out == NULL) {
    printf("出力を開けません。¥n");
  } else {
    fscanf(in, "%s¥n", line);
                          // ヘッダー行入力
    fprintf(out, "%s¥n", line);
                          // ヘッダー行出力
  //CSV ファイルを繰り返し読み込む
    while (fscanf(in,
      "%[^,],%d,%[^,],%d,%d¥n", gengo,
      &year, age, &man, &woman) != EOF) {
      if (strcmp(age, key) == 0) {
        fprintf(out, "%s,%d,%s,%d,%d¥n",
          gengo, year, age, man, woman);
      }
    }
    fclose(out);
  }
  fclose(in);
}
```

数当てゲーム

　本章では，乱数を使った数当てゲームを作ります。コマンド プロンプトで実行するゲームなので見た目の派手さはありませんが，作ってみると結構面白いゲームです。作成したゲームを各自で発展させて，楽しんでください。

　数当てゲームの進行の様子を，図10.1に示します。数当てゲームが始まると，

① 1から10までの数字を横に表示したあと，「何番?」を表示します。

② キーボードから予想した数（本例では5）を入力し，Enter キーを押します。

③ 当たった場合は「当たり」を表示し，ゲームを終了します。

　外れた場合は「外れ」を表示し，正解との差を絶対値で表示します。さらに2回目に進み，外れた数の部分には * を表示し，再び数字を入力し，数が当たるまで繰り返します。上手く予想すれば，3回目で確実に当たるはずです。

　少しずつプログラムを追加しながら完成していきましょう。

①数の表示	②予想した数の入力	③判定と差の表示
1 2 3 4 5 6 7 8 9 10 何番?	1 2 3 4 5 6 7 8 9 10 何番? 5	1 2 3 4 5 6 7 8 9 10 何番? 5 外れ 差は2です。

1回目	2回目	3回目
1 2 3 4 5 6 7 8 9 10 何番? 5 外れ 差は2です。	1 2 3 4 * 6 7 8 9 10 何番? 3 外れ 差は4です。	1 2 * 4 * 6 7 8 9 10 何番? 7 当たり

図 10.1　数当てゲーム

10.1　乱数の生成

　このゲームを実現するためには，乱数が必要になります。乱数は，次に何が出るかわからない数のことです。乱数を生成するプログラムを考

えてみましょう。2.2節で示した「おまじない」prog0201.cを開き，prog1001.cの名前で保存します。加筆修正した行を太字で示します。#include <stdlib.h>は，乱数を使うためのおまじないです。srand関数は，乱数のもとになる数（種，シード）を設定します。種は実引数で設定し，この数は任意の数です。本例では5桁の整数12345を設定しました。rand関数は，この種をもとに乱数を生成します。

▶ prog1001.c ◀

```
 1  /* prog1001.c */
 2
 3  #include <stdio.h>
 4  #include <stdlib.h>
 5
 6  int main(void)
 7  {
 8      srand(12345);
 9      printf("%d¥n", rand());
10
11      return 0;
12  }
13
14  1回目の実行結果
15  7584
16
17  2回目の実行結果
18  7584
```

prog1001.cは，何度実行しても同じ乱数しかでてきません。本書で利用しているgccは，0〜32767までの乱数が生成されます。ここでは4桁の乱数になりました。rand関数はsrand関数の実引数で指定した12345をもとにある計算を行い，次の乱数を生成するため，何回実行しても同じ乱数が表示されます。12345の部分を，実行ごとに変更するにはどうすればよいでしょうか？

10.2　時刻の活用

実行ごとに，キーボードからデタラメな数字を入力する方法もありますが，その数字がわかると，次にどのような乱数が出るのかわかってしまいます。この問題の解決策は，乱数の種としてコンピュータ内部の時刻を使う方法が一般的です。prog1001.cに加筆修正したプログラムをprog1002.cの名前で保存します。加筆修正した行を太字で示します。

- #include <time.h>は，time関数を利用するためのおまじないです。
- srand関数の実引数は (unsigned int)time(NULL) を指定し

ます。

- time 関数は，1970/1/1 00:00:00 から現在までの経過時刻を取り出す関数です。

▶ prog1002.c ◀

```
1   /* prog1002.c */
2
3   #include <stdio.h>
4   #include <stdlib.h>
5   #include <time.h>
6
7   int main(void)
8   {
9       srand((unsigned int)time(NULL));
10      printf("%d¥n", rand());
11
12      return 0;
13  }
14
15  1回目の実行結果
16  8926
17
18  2回目の実行結果
19  9053
```

10.3 1から10までの乱数に

　乱数の生成によって 8926 などの数が出てきますが，1 から 10 までの乱数にするには，どうすればよいでしょうか？　10 で割ったときの余りに着目します。余りは % で計算できます。

```
9599 % 10 は9になります。
9612 % 10 は2になります。
9625 % 10 は5になります。
```

　一見，1 から 10 までの乱数になっているように見えますが，10 で割ったときの余りの最小値は 0，最大値は 9 です。1 から 10 に対して 1 つ足りません。これを補正するために，1 を加えます。

　このようにして，1 から 10 までの乱数を生成することができます。プログラムは prog1003.c です。prog1002.c に修正を加えた部分を，太字で示します。

▶ prog1003.c ◀

```
1   /* prog1003.c */
2
3   #include <stdio.h>
4   #include <stdlib.h>
5   #include <time.h>
6
```

```
 7   int main(void)
 8   {
 9       srand((unsigned int)time(NULL));
10       printf("%d\n", (rand() % 10) + 1);
11
12       return 0;
13   }
14
15   1回目の実行結果
16   6
17
18   2回目の実行結果
19   9
```

　実行ごとに 1 から 10 の乱数が表示できるようになりました。なお，
(rand() % 10) + 1 は rand() % 10 + 1 とも記述できます。これ
は演算の優先順位が % の方が + よりも高いためです。演算の優先順位の
曖昧さを払拭するために，小括弧で演算の順番を明示しておいた方が，
わかりやすいプログラムになります。

10.4　数の表示

　数当てゲームの最初の部分，1 から 10 までの整数を半角のスペース
で区切って 1 2 3 4 5 6 7 8 9 10 のように表示するプログラムを
考えてみましょう。プログラムは prog1004.c です。prog0201.c に加筆
した部分を，太字で示します。

▶ prog1004.c ◀

```
 1   /* prog1004.c */
 2
 3   #include <stdio.h>
 4
 5   int main(void)
 6   {
 7       printf("1 2 3 4 5 6 7 8 9 10\n");
 8
 9       return 0;
10   }
11
12   実行結果
13   1 2 3 4 5 6 7 8 9 10
```

　これでも間違いではありませんが，汎用性に乏しいプログラムです。
繰り返しを使って記述しましょう。プログラムは prog1005.c です。
prog1004.c に加筆修正した部分を，太字で示します。printf("%d ",
i + 1); の文の中の %d の後ろに半角スペースが入っていることに注
意してください。

▶ prog1005.c ◀

```
1   /* prog1005.c */
2
3   #include <stdio.h>
4
5   int main(void)
6   {
7       int i;
8
9       for (i = 0; i < 10; i++) {
10          printf("%d ", i + 1);
11      }
12      printf("¥n");
13
14      return 0;
15  }
16
17  実行結果
18  1 2 3 4 5 6 7 8 9 10
```

10.5 予想した数の入力

次に，みなさんが予想した数字を入力するプログラムを考えます。プログラムは prog1006.c です。prog1005.c に加筆した部分を，太字で示します。

int 型の変数 player を宣言します。「何番?」の表示を行います。scanf 関数でキーボードから入力した数字を変数 player に入力します。player の前には & を付けます。これは，忘れることが多いので注意してください。

▶ prog1006.c ◀

```
1   /* prog1006.c */
2
3   #include <stdio.h>
4
5   int main(void)
6   {
7       int i;
8       int player;
9
10      for (i = 0; i < 10; i++) {
11          printf("%d ", i + 1);
12      }
13      printf("¥n");
14
15      printf("何番? ");
16      scanf("%d", &player);
17
18      return 0;
19  }
20
21  実行結果
22  1 2 3 4 5 6 7 8 9 10
23  何番? 5
```

10.6　正解の生成

　正解を生成します。プログラムは prog1007.c です。prog1006.c に加筆した部分を，太字で示します。1 から 10 までの乱数を 1 つ生成し，int 型の変数 computer に代入します。prog1007.c では，まだ，「当たり」「外れ」を判定する部分がありませんので，結果は表示されません。

▶ prog1007.c ◀

```
 1   /* prog1007.c */
 2
 3   #include <stdio.h>
 4   #include <stdlib.h>
 5   #include <time.h>
 6
 7   int main(void)
 8   {
 9       int i;
10       int player;
11       int computer;
12
13       for (i = 0; i < 10; i++) {
14           printf("%d ", i + 1);
15       }
16       printf("¥n");
17
18       printf(" 何番? ");
19       scanf("%d", &player);
20
21       srand((unsigned int)time(NULL));
22       computer = (rand() % 10) + 1;
23
24       return 0;
25   }
26
27   実行結果
28   1 2 3 4 5 6 7 8 9 10
29   何番? 5
```

10.7　当たりの判定と差の表示

　当たりの判定を追加します。プログラムは prog1008.c です。prog1007.c に加筆した部分を，太字で示します。if 文で当たりを判定します。入力した値 player と生成した乱数の値 computer が等しければ，「当たり」を表示します。外れた場合は，「外れ」を表示したあと，正解との差の絶対値を表示します。

　abs 関数は，絶対値を求める関数です。絶対値を表示することで，次の数を予想するときに，2 つの選択肢が生まれゲームの面白さを増しています。

```
1   /* prog1008.c */
2
3   #include <stdio.h>
4   #include <stdlib.h>
5   #include <time.h>
6
7   int main(void)
8   {
9       int i;
10      int player;
11      int computer;
12
13      省略 (prog1007.c と同じ)
14
15      printf("何番？ ");
16      scanf("%d", &player);
17
18      srand((unsigned int)time(NULL));
19      computer = (rand() % 10) + 1;
20
21      if (player == computer) {
22          printf("当たり ¥n");
23      } else {
24          printf("外れ ¥n");
25          printf("差は %d です。¥n", abs(player - computer));
26      }
27
28      return 0;
29  }
30
31  実行結果（当たった場合）
32  1 2 3 4 5 6 7 8 9 10
33  何番？ 3
34  当たり
35
36  実行結果（外れた場合）
37  1 2 3 4 5 6 7 8 9 10
38  何番？ 6
39  外れ
40  差は 1 です。
```

10.8 関数を使ったプログラムの分割

　　このままプログラムを作り続けると，main 関数が肥大化します。まとまった処理を関数として定義し，プログラムを分割します。prog1008.c は下記のように四角で囲んだ 4 つの部分に分けられます。

```
/* prog1008.c */

#include <stdio.h>
#include <stdlib.h>
#include <time.h>
```

```
int main(void)
{
    int i;
    int player;
    int computer;

    for (i = 0; i < 10; i++) {
        printf("%d ", i + 1);
    }
    printf("¥n");

    printf("何番？ ");
    scanf("%d", &player);

    srand((unsigned int)time(NULL));
    computer = (rand() % 10) + 1;

    if (player == computer) {
        printf("当たり¥n");
    } else {
        printf("外れ¥n");
        printf("差は%dです。¥n", abs(player - computer));
    }

    return 0;
}
```

10.9 関数の定義と main 関数からの呼び出し

10.8 節の四角で囲んだプログラムは，上から順番に，以下の 4 つの関数として定義します。関数の定義のひな型を組み込んでみましょう。prog1009.c で保存します。加筆修正した部分は，太字で示しました。

- displayNumber 関数は 1 から 10 までの数を表示します。
- inputNumber 関数はプレーヤが数字を入力します。
- getRandom 関数は 1 から 10 までの乱数を生成します。
- displayResult 関数は判定を行います。

さらにこれらを main 関数の中から，適切に呼び出せるように記述します。

▶ prog1009.c ◀

```
1  /* prog1009.c */
2
3  #include <stdio.h>
4  #include <stdlib.h>
5  #include <time.h>
6
7  void displayNumber()    // 1〜10 の数の表示
8  {
```

```
 9    }
10
11    int inputNumber()        // プレーヤの数字の入力
12    {
13    }
14
15    int getRandom()          // 1 ～ 10 の乱数の生成
16    {
17    }
18
19    int displayResult()      // 判定
20    {
21    }
22
23    int main(void)
24    {
25        int player;
26        int computer;
27
28        displayNumber();
29        player = inputNumber();
30        srand((unsigned int)time(NULL));
31        computer = getRandom();
32        displayResult(player, computer);
33
34        return 0;
35    }
```

10.10 　関数の定義と main 関数からの呼び出し

　4つの関数のブロックを定義します。prog1009.c に加筆修正したプログラムを prog1010.c の名前で保存します。加筆修正した部分は，太字で示しました。displayResult 関数では，int 型の変数 hit を宣言し，(player == computer) の結果を代入しています。すなわち，hit には player と computer の値が等しければ 1，等しくない場合には 0 が代入されます。if 文の条件と返却値の 2 カ所で利用するため，hit に入れました。

▶ prog1010.c ◀

```
 1    /* prog1010.c */
 2
 3    #include <stdio.h>
 4    #include <stdlib.h>
 5    #include <time.h>
 6
 7    void displayNumber(void)   // 1 ～ 10 の数の表示
 8    {
 9        int i;
10
11        for (i = 0; i < 10; i++) {
12            printf("%d ", i + 1);
13        }
14        printf("\n");
```

```
15      }
16
17      int inputNumber(void)        // プレーヤの数字の入力
18      {
19          int player;
20
21          printf("何番? ");
22          scanf("%d", &player);
23          return player;
24      }
25
26      int getRandom(void)          // 1〜10 の乱数の生成
27      {
28          return (rand() % 10) + 1;
29      }
30
31      int displayResult(int player, int computer)   // 判定
32      {
33          int hit = (player == computer);
34
35          if (hit) {
36              printf("当たり¥n");
37          } else {
38              printf("外れ¥n");
39              printf("差は%dです。¥n¥n", abs(player - computer));
40          }
41          return hit;
42      }
43
44      int main(void)
45      {
46          int player;
47          int computer;
48
49          displayNumber();
50          player = inputNumber();
51          srand((unsigned int)time(NULL));
52          computer = getRandom();
53          displayResult(player, computer);
54
55          return 0;
56      }
57
58      実行結果
59      1 2 3 4 5 6 7 8 9 10
60      何番? 6
61      外れ
62      差は2です。
```

10.11 　当たるまでの繰り返し処理

　prog1010.c は 1 回しか実行できません。当たるまで繰り返す仕組み
を取り入れます。prog1010.c を加筆修正したプログラムを prog1011.c
の名前で保存します。加筆修正した部分を太字で表示します。

　仕組みは do-while 文を使います。do-while 文の特徴は，{ } 内
（ブロック）の中が実行され，その後，while の ( ) 内の条件が成立し

ているか否かを判断する仕組みになっています。条件が成立していれば（条件の評価が非0），再びブロックを実行し，条件が成立しているか否かを判断します。条件については，4章の if 文で学習しました。

do-while 文

```
do {
    文
} while ( 条件 );
```

ここでは，while (!result) を用いています。変数 result は，player と computer の値が等しくない場合は0となります。result が0なので while の条件式 !result は1（非0）になります。するとブロックを繰り返します。また変数 result は，player と computer の値が等しい場合は1となります。result が1なので while の条件式 !result は0になります。すると，繰り返しループを抜けます。

▶ prog1011.c ◀

```
 1  /* prog1011.c */
 2
 3  省略（prog1010.cと同じ）
 4
 5  int main(void)
 6  {
 7      int player;
 8      int computer;
 9      int result;
10
11      srand((unsigned int)time(NULL));
12      computer = getRandom();
13
14      do {
15          displayNumber();
16          player = inputNumber();
17          result = displayResult(player, computer);
18      } while (!result);
19
20      return 0;
21  }
22
23  実行結果
24  1 2 3 4 5 6 7 8 9 10
25  何番？ 6
26  外れ
27  差は1です。
28
29  1 2 3 4 5 6 7 8 9 10
30  何番？ 7
31  外れ
32  差は2です。
33
34  1 2 3 4 5 6 7 8 9 10
35  何番？ 5
36  当たり
```

10.12 外れた数の * での表示と入力した数の範囲チェック

ゲームの進行がわかりやすくなるように，外れた数字の部分には * を表示します。* を表示する仕組みは次のとおりです。

int 型の配列 data を宣言し，配列の要素は 0 で初期化しておきます。1 から 10 の数は，配列の要素の data[0] から data[9] に対応付けます。入力した数が外れた場合は，対応する配列の要素に 1 を代入します。1 から 10 の数字を表示するときに，data の要素を確認しながら，1 の場合は * を表示します。

さらに，1 から 10 以外の数字を入力した場合は，その旨を表示し，再度入力を求めるようにします。変数 bool は，入力された数字が条件を満足しているか否かの結果を保存します。1 より小さい，または 10 より大きい場合に，真（非 0）になります。prog1011.c に加筆修正したプログラムを prog1012.c の名前で保存します。加筆修正した部分を，太字で示します。

▶ prog1012.c ◀

```
1   /* prog1012.c */
2
3   #include <stdio.h>
4   #include <stdlib.h>
5   #include <time.h>
6
7   void displayNumber(int data[])
8   {
9       int i;
10
11      for (i = 0; i < 10; i++) {
12          if (data[i] == 0) {
13              printf("%d ", i + 1);
14          } else {
15              printf("* ");
16          }
17      }
18      printf("\n");
19  }
20
21  int inputNumber()
22  {
23      int player;
24      int bool;
25
26      do {
27          printf("何番？ ");
28          scanf("%d", &player);
29          bool = (player < 1) || (player > 10);
30          if (bool) {
31              printf("1 以上 10 以下の数を入力してください。\n\n");
32          }
33      } while (bool);
```

```
34
35        return player;
36  }
37
38  省略（getRandom の定義と同じ）
39
40  省略（displayResult の定義と同じ）
41
42  int main(void)
43  {
44        int player;
45        int computer;
46        int result;
47        int data[10] = {0};
48
49        srand((unsigned int)time(NULL));
50        computer = getRandom();
51
52        do {
53            displayNumber(data);
54            player = inputNumber();
55            data[player - 1] = 1;
56            result = displayResult(player, computer);
57        } while (!result);
58
59        return 0;
60  }
61  実行結果
62  1 2 3 4 5 6 7 8 9 10
63  何番？ 0
64  1 以上 10 以下の数を入力してください。
65
66  何番？ 11
67  1 以上 10 以下の数を入力してください。
68
69  何番？ 1
70  外れ
71  差は 7 です。
72
73  * 2 3 4 5 6 7 8 9 10
74  何番？ 8
75  当たり
```

10.13　数の範囲の変更への柔軟な対応

　　　prog1012.c は，1 から 20 までの数当てゲームに変更する場合，プログラムのいくつかの部分を書き換える必要が出てきます。数の範囲の変更に柔軟に対応できる仕組みを組み込みます。これはオブジェクト形式のマクロを使います。オブジェクト形式のマクロはコンパイルを行うときに，文字列を置き換える働きがあります。prog1012.c を加筆修正したプログラムを prog1013.c の名前で保存します。加筆修正した部分を，太字で示します。

　　　オブジェクト形式のマクロは #define N 20 のように記述します。行末にセミコロンは付けません。この場合，コンパイル直前に，N の文

字を 20 に置換し，その結果をコンパイルします。オブジェクト形式の
マクロは，ほかの文字と区別するために大文字を使います。**prog1013.c**
では N は 20 として定義しています。

　オブジェクト形式のマクロを使うことによって，#define N 20 の
20 の部分を変更するだけで，柔軟に対応できるようになりました。

▶ prog1013.c ◀

```
1    /* prog1013.c */
2
3    #include <stdio.h>
4    #include <stdlib.h>
5    #include <time.h>
6
7    #define N 20
8
9    void displayNumber(int data[])
10   {
11       int i;
12
13       for (i = 0; i < N; i++) {
14           if (data[i] == 0) {
15               printf("%d ", i + 1);
16           } else {
17               printf("* ");
18           }
19       }
20       printf("¥n");
21   }
22
23   int inputNumber(void)
24   {
25       int player;
26       int bool;
27
28       do {
29           printf("何番？ ");
30           scanf("%d", &player);
31           bool = (player < 1) || (player > N);
32           if (bool) {
33               printf("1以上%d以下の数を入力してください。¥n¥n", N);
34           }
35       } while (bool);
36
37       return player;
38   }
39
40   int getRandom(void)
41   {
42       return (rand() % N) + 1;
43   }
44
45   int displayResult(int player, int computer)
46   {
47       int hit = (player == computer);
48       if (hit) {
49           printf("当たり¥n");
50       } else {
51           printf("外れ¥n");
```

```
52          printf("差は%dです。¥n¥n", abs(player - computer));
53      }
54
55      return hit;
56  }
57
58  int main(void)
59  {
60      int player;
61      int computer;
62      int result;
63      int data[N] = {0};
64
65      srand((unsigned int)time(NULL));
66      computer = getRandom();
67
68      do {
69          displayNumber(data);
70          player = inputNumber();
71          data[player - 1] = 1;
72          result = displayResult(player, computer);
73      } while (!result);
74
75      return 0;
76  }
77
78  実行結果
79  1 2 3 4 5 6 7 8 9 10 11 12 13 14 15 16 17 18 19 20
80  何番? 14
81  外れ
82  差は1です。
83
84  1 2 3 4 5 6 7 8 9 10 11 12 13 * 15 16 17 18 19 20
85  何番? 15
86  外れ
87  差は2です。
88
89  1 2 3 4 5 6 7 8 9 10 11 12 13 * * 16 17 18 19 20
90  何番? 13
91  当たり
```

練習問題

1. prog1013.c は displayResult 関数を書き換えると，実行結果に
   示す数当てゲームに変更することができる。このゲームは，数を絞り
   込むセンスが要求されるおもしろさがある。prog1013.c を prac1001.c
   の名前で保存し，プログラムを作成しなさい。

   実行結果
   1 2 3 4 5 6 7 8 9 10 11 12 13 14 15 16 17 18 19 20
   何番? 10
   外れ
   あなたの入力した数は大きいです。

   1 2 3 4 5 6 7 8 9 * 11 12 13 14 15 16 17 18 19 20

何番？ 1
外れ
あなたの入力した数は小さいです。

* 2 3 4 5 6 7 8 9 * 11 12 13 14 15 16 17 18 19 20
何番？ 6
当たり

2. prog1013.c は displayNumber, inputNumber, display
   Result 関数を書き換えると，実行結果に示す数当てゲームに変更す
   ることができる。このゲームは，数を絞り込むセンスが要求される面
   白さがある。prog1013.c を prac1002.c の名前で保存し，プログラム
   を作成しなさい。

   実行結果
   ?
   左から何番？ 10
   外れ
   もっと左です。

   ? ? ? ? ? ? ? ? ? * ? ? ? ? ? ? ? ? ? ?
   左から何番？ 1
   外れ
   もっと右です。

   * ? ? ? ? ? ? ? ? ? * ? ? ? ? ? ? ? ? ?
   左から何番？ 5
   外れ
   もっと左です。

   * ? ? ? * ? ? ? ? ? * ? ? ? ? ? ? ? ? ?
   左から何番？ 2
   当たり

●●● 10章のまとめ ●●●

1. 乱数

乱数を使ってサイコロの目を求めるプログラム。

- srand((unsigned int)time(NULL)); は乱数生成に必要な初期処理
- rand 関数は 0〜32767 までの乱数を生成（gcc によって異なる）
- rand() % 6 に 1 を加え 1〜6 の乱数に変換

```
#include <stdio.h>
#include <stdlib.h>    // 乱数の関数に必要
#include <time.h>      // time 関数に必要

int dice;              // サイコロの目
srand((unsigned int)time(NULL));
dice = rand() % 6 + 1;
```

2. do-while 文

do-while 文は，繰り返しの判定を最後に行う。

- 最低 1 回は繰り返し処理を実行

```
do {
    処理
} while (条件);
```

3. オブジェクト形式のマクロ

- #define はオブジェクト形式のマクロ
- コンパイル直前に N は 20 に置換
- 20 の後ろにセミコロン（;）は付けない

```
#define N 20

int i, data[N];        // data[20] に置換
for (i = 0; i < N; i++) // i < 20 に置換
```

4. 数当てゲーム

(1) 乱数を取得する関数（getRandom）

getRandom 関数は，1〜N の乱数を生成。

- return の返却値に rand() % N + 1 を記載

```
int getRandom() {
    return (rand() % N) + 1;
}
```

(2) 数当て候補を表示する関数（displayNumber）

displayNumber 関数は，数当ての候補を表示する。すでに入力した数は * を表示する。

- 引数の int 型の配列 d は既出かどうかを示す
- d の要素が 0 なら入力候補，1 なら既出

```
void displayNumber(int d[]) {
    int i;
    for (i = 0; i < N; i++) {
        if (d[i] == 0)
            printf("%d ", i + 1);
        else
            printf("* ");
    }
}
```

(3) キーボードから入力する関数（inputNumber）

入力された数が，1〜N の範囲に入っていない場合は，その旨表示し，再入力を求める。

- b = (p < 1) || (p > N); で範囲チェック

```
int inputNumber() {
    int p, b;
    do {
        printf("何番？ "); scanf("%d", &p);
        b = (p < 1) || (p > N);
        if (b)
            printf("1〜%dでない¥n", N);
    } while (b);
    return p;
}
```

(4) 結果を表示する関数（displayResult）

判定結果を表示し返却する。外れの場合は，当たりとの差（|p-c|）を表示し返却する。

- int hit = (p == c); で当たりを判定
- abs(x) は x の絶対値（|x|）

```
int displayResult(int p, int c) {
    int hit = (p == c);
    if (hit)
        printf("当たり¥n");
    else
        printf("外れ。差は%dです。¥n",
                abs(p - c));
    return hit;
}
```

(5) 数当てゲーム全体の動作を決める関数（main）

- while の条件は result の否定を利用

```
#include <stdio.h>
#include <stdlib.h>
#include <time.h>
#define N 10

int main(void) {
    int p, c, result, data[N] = {0};
    srand((unsigned int)time(NULL));
    c = getRandom();
    do {
        displayNumber(data);
                           // 候補の表示
        p = inputNumber(); // 1〜Nの数を入力
        data[p - 1] = 1;   // 既出の設定
        result = displayResult(c, p);
                           // 結果を表示
    } while (!result);     // 外れの間繰り返す
    return 0;
}
```

みなさんは，暗算は得意でしょうか？　図 11.1 の暗算はできますか？　掛け算や割り算は難しそうですね。C言語の場合，整数同士の割り算は小数点以下が切り捨てられますので，じつは簡単です。

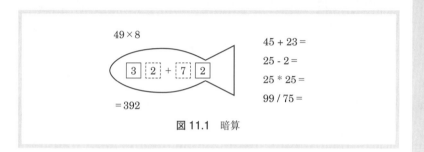

49×8

$$3 \quad 2 \quad + \quad 7 \quad 2$$

$= 392$

$45 + 23 =$

$25 - 2 =$

$25 * 25 =$

$99 / 75 =$

図 11.1　暗算

本章では，1 から 100 までの乱数を使って，2 項演算の暗算を行うための式をプログラムで自動生成し，計算結果の入力を求め，正解，不正解を表示する暗算クイズを考えます。main 関数だけで作ると巨大なプログラムになりますので，まとまった処理を関数として定義し，プログラムを分割しながら作ります。さらに複数回の暗算を行った結果，正解率を表示するプログラムに発展させていきます。

11.1　2 項の足し算の表示

2 項の足し算を行うために，生成した 2 つの乱数をおのおのの変数に格納しておきます。ここでは，int 型の変数 a と b を使います。prog 0201.c を開き，prog1101.c の名前で保存します。加筆修正した行を，太字で示します。

▶ prog1101.c ◀

```
 1    /* prog1101.c */
 2
 3    #include <stdio.h>
 4    #include <stdlib.h>
 5    #include <time.h>
 6
 7    int main(void)
 8    {
 9        int a;
10        int b;
```

```
11
12      srand((unsigned int)time(NULL));
13      a = (rand() % 100) + 1;
14      b = (rand() % 100) + 1;
15      printf("%d %d", a, b);
16
17      return 0;
18  }
19
20  実行結果
21  15 95
```

このままでは，2項演算らしく見えませんので，演算子も表示します。プログラムは prog1102.c です。prog1101.c に加筆した行を，太字で示します。以上で，足し算の暗算の式を表示することができました。

▶ prog1102.c ◀

```
1   /* prog1102.c */
2
3   #include <stdio.h>
4   #include <stdlib.h>
5   #include <time.h>
6
7   int main(void)
8   {
9       int a;
10      int b;
11
12      srand((unsigned int)time(NULL));
13      a = (rand() % 100) + 1;
14      b = (rand() % 100) + 1;
15      printf("%d + %d = ", a, b);
16
17      return 0;
18  }
19
20  実行結果
21  92 + 98 =
```

11.2 暗算した結果の入力

次は，みなさんが暗算した結果を入力するプログラムです。これは，暗算を行う式が表示されたあとに，入力できる必要があります。入力する値は，int 型の変数 c を宣言し，これに入れます。プログラムは prog1103.c です。prog1102.c に加筆した部分を，太字で示します。

▶ prog1103.c ◀

```
1   /* prog1103.c */
2
3   #include <stdio.h>
4   #include <stdlib.h>
5   #include <time.h>
```

```
 6
 7   int main(void)
 8   {
 9       int a;
10       int b;
11       int c;
12
13       srand((unsigned int)time(NULL));
14       a = (rand() % 100) + 1;
15       b = (rand() % 100) + 1;
16       printf("%d + %d = ", a, b);
17       scanf("%d", &c);
18
19       return 0;
20   }
21
22   実行結果
23   10 + 29 = 39
```

11.3　正解の判定

　暗算した結果を入力できるようになりましたが，正解なのか否かが表示されていません。正解か否かを判断するのは if 文です。正解は a + b の結果になります。暗算の結果は c です。したがって，a + b と c が等しいか否かを判断します。等しいの比較は == を使います。= を 2 つ連続して並べます。= と = の間にスペースを入れてはいけません。a + b と c が等しい場合は，「正解」を表示します。a + b と c が等しくない場合は，「不正解」を表示し，さらに正解の数を表示します。プログラムは prog1104.c です。prog1103.c に加筆した部分を，太字で示します。

▶ prog1104.c ◀

```
 1   /* prog1104.c */
 2
 3   #include <stdio.h>
 4   #include <stdlib.h>
 5   #include <time.h>
 6
 7   int main(void)
 8   {
 9       int a;
10       int b;
11       int c;
12
13       srand((unsigned int)time(NULL));
14       a = (rand() % 100) + 1;
15       b = (rand() % 100) + 1;
16       printf("%d + %d = ", a, b);
17       scanf("%d", &c);
18
19       if (a + b == c) {
20           printf(" 正解 ¥n");
21       } else {
```

```
22          printf("不正解¥n");
23          printf("正解は%d¥n", a + b);
24      }
25
26      return 0;
27  }
28
29  実行結果
30  10 + 29 = 39
31  正解
32
33  33 + 32 = 34
34  不正解
35  正解は65
```

11.4 変数の活用

しかし，この prog1104.c には，気になる点があります。それは a + b
の計算を2回行っていることです。一般的に，足し算などの演算を行う
と，計算コスト（時間）がかかります。プログラムを作成するとき，不
必要な計算は減らすことが重要です。

この問題を解決する方法は，正解を入れておくための int 型の変数
answer を宣言し，これに a + b の結果を入れておくと，a + b の計
算は1回で済みます。プログラムは prog1105.c です。prog1104.c に加
筆した部分を，太字で示します。

▶ prog1105.c ◀

```
1   /* prog1105.c */
2
3   #include <stdio.h>
4   #include <stdlib.h>
5   #include <time.h>
6
7   int main(void)
8   {
9       int a;
10      int b;
11      int c;
12      int answer;
13
14      srand((unsigned int)time(NULL));
15      a = (rand() % 100) + 1;
16      b = (rand() % 100) + 1;
17      printf("%d + %d = ", a, b);
18      scanf("%d", &c);
19      answer = a + b;
20      if (answer == c) {
21          printf("正解¥n");
22      } else {
23          printf("不正解¥n");
24          printf("正解は%d¥n", answer);
25      }
26
```

```
27        return 0;
28    }
29
30    実行結果
31    10 + 29 = 39
32    正解
33
34    33 + 32 = 34
35    不正解
36    正解は 65
```

11.5　引き算，掛け算，割り算

　プログラムを発展させて，引き算，掛け算，割り算にも対応できるように考えてみましょう。引き算に対応するためには，プログラムはprog1105.cを以下のように書き換えればよいことになります。

```
printf("%d - %d = ", a, b);
scanf("%d", &c);
answer = a - b;
```

　同様に掛け算に対応するためには，プログラムは prog1105.c を以下のように書き換えればよいことになります。

```
printf("%d * %d = ", a, b);
scanf("%d", &c);
answer = a * b;
```

　割り算に対応するためには，プログラムは prog1105.c を以下のように書き換えればよいことになります。なお，整数同士の割り算の場合は，注意が必要です。小数点以下は切り捨てられます。暗算するときは，この性質を理解しておく必要があります。

```
printf("%d / %d = ", a, b);
scanf("%d", &c);
answer = a / b;
```

11.6　演算を乱数で決定

　prog1105.c をさらに発展させ，足し算，引き算，掛け算，割り算の4つのうち，どの演算を行うかを乱数で決め，問題を表示できるようにしてみましょう。乱数で演算を決める仕組みは，演算子に数字を割り当てます。この例では，4つの演算がありますので，足し算は0，引き算は1，掛け算は2，割り算は3に決めることにします。0から3の数字を乱数で生成し，その数に応じた演算を表示するようにプログラムを組

みます。乱数を生成したあとに，4で割ったときの余りが，ちょうど0
から3の乱数になります。これを実現するために，int型の変数
operatorを宣言します。乱数を生成し，4で割った余りをoperator
に代入します。その後，if文でoperatorの値に応じた演算を表示し，
正解を求めanswerへ代入します。プログラムはprog1106.cです。太
字の部分が，prog1105.cに加筆した内容です。

▶ prog1106.c ◀

```
1   /* prog1106.c */
2
3   #include <stdio.h>
4   #include <stdlib.h>
5   #include <time.h>
6
7   int main(void)
8   {
9       int a;
10      int b;
11      int c;
12      int answer;
13      int operator;
14
15      srand((unsigned int)time(NULL));
16      operator = rand() % 4;
17      a = (rand() % 100) + 1;
18      b = (rand() % 100) + 1;
19      if (operator == 0) {
20          answer = a + b;
21          printf("%d + %d = ", a, b);
22      } else if (operator == 1) {
23          answer = a - b;
24          printf("%d - %d = ", a, b);
25      } else if (operator == 2) {
26          answer = a * b;
27          printf("%d * %d = ", a, b);
28      } else {
29          answer = a / b;
30          printf("%d / %d = ", a, b);
31      }
32
33      scanf("%d", &c);
34      if (answer == c) {
35          printf("正解￥n");
36      } else {
37          printf("不正解￥n");
38          printf("正解は%d￥n", answer);
39      }
40
41      return 0;
42  }
43
44  実行結果
45  10 + 29 = 39
46  正解
47
48  47 - 70 = -10
49  不正解
50  正解は-23
```

11.7　関数を使ったプログラムの作成

　プログラムは prog1106.c は，4つの演算に対応できるようになりました。このように main 関数の中にプログラムを記述していくことで，目的のプログラムは完成できますが，この調子でプログラムを作り続けると，main 関数が肥大化します。まとまった処理ごとに関数を定義し，それを main 関数から呼び出すことが一般的です。ここでは，getAnswer, displayQuiz, judge 関数を定義しプログラムを分割します。4つの演算を選別するため if 文に着目し，これらの3つの関数を作ります。

　getAnswer 関数は，演算結果を選ぶ関数です。仮引数は3つあり，a と b で2つの整数を，operator で演算子の種類を受け取ります。仮引数は，いずれも int 型です。

```
int getAnswer(int a, int b, int operator)
{
    int answer;
    if (operator == 0) {
        answer = a + b;
    } else if (operator == 1) {
        answer = a - b;
    } else if (operator == 2) {
        answer = a * b;
    } else {
        answer = a / b;
    }
    return answer;
}
```

　この getAnswer 関数の if 文を，さらに switch 文で書き換えると，以下のようになります。switch 文は，複数の分岐を行う文です。この場合は，switch 文の方が簡潔に記述できます。変数 operator が 0 の場合は，case 0 の : の右側を実行し，break で case 文を抜けます。変数 operator が 1 の場合は，case 1 の : の右側を実行し，break で case 文を抜けます。以下同様です。変数 operator が 0 ～ 2 以外の場合は，default の : の右側を実行し，case 文が終了します。どちらを採用するかは，プログラムを作るみなさんに任されます。

```
int getAnswer(int a, int b, int operator)
{
    int answer;
    switch (operator) {
```

```
            case 0 : answer = a + b; break;
            case 1 : answer = a - b; break;
            case 2 : answer = a * b; break;
            default : answer = a / b;
        }
        return answer;
    }
```

　displayQuiz 関数は，問題を表示する関数です。仮引数は 3 つあり，a と b で 2 つの整数を受け取り，operator で演算子の種類を受け取ります。

```
void displayQuiz(int a, int b, int operator)
{
    if (operator == 0) {
        printf("%d + %d = ", a, b);
    } else if (operator == 1) {
        printf("%d - %d = ", a, b);
    } else if (operator == 2) {
        printf("%d * %d = ", a, b);
    } else {
        printf("%d / %d = ", a, b);
    }
}
```

　この displayQuize 関数の if 文も同様に switch 文で記述すると，以下のようになります。この場合も，switch 文の方が簡潔に記述できます。どちらを採用するかは，プログラムを作るみなさんに任されます。

```
void displayQuiz(int a, int b, int operator)
{
    switch (operator) {
        case 0 : printf("%d + %d = ", a, b); break;
        case 1 : printf("%d - %d = ", a, b); break;
        case 2 : printf("%d * %d = ", a, b); break;
        default : printf("%d / %d = ", a, b);
    }
}
```

　judge 関数は暗算で求めた結果が正解と一致しているか否かを判定する関数です。仮引数は 2 つあり，answer が正解を，c が暗算で求めた値を受け取り，判定結果を表示します。変数 bool は，判定結果を入れておくためのものです。判定は answer == c にて行い，その結果を int 型の変数 bool に代入しています。bool は，正解の場合は非 0 になります。変数 bool は if 文の条件で利用します。さらに返却値として bool を返却します。

```
int judge(int answer, int c)
{
    int bool = (answer == c);
    if (bool) {
        printf(" 正解 ¥n");
    } else {
        printf(" 不正解 ¥n");
        printf(" 正解は %d¥n", answer);
    }
    return bool;
}
```

　以上の関数を main 関数の中から呼び出すと，暗算クイズが実行でき
ます。なお，getAnswer と displayQuiz 関数は，switch 文を採用
しました。完成したプログラムは prog1107.c です。prog0201.c に加筆
修正した行を太字で示します。

▶ prog1107.c ◀

```
 1   /* prog1107.c */
 2
 3   #include <stdio.h>
 4   #include <stdlib.h>
 5   #include <time.h>
 6
 7   void displayQuiz(int a, int b, int operator)
 8   {
 9       switch (operator) {
10           case 0 : printf("%d + %d = ", a, b); break;
11           case 1 : printf("%d - %d = ", a, b); break;
12           case 2 : printf("%d * %d = ", a, b); break;
13           default : printf("%d / %d = ", a, b);
14       }
15   }
16
17   int getAnswer(int a, int b, int operator)
18   {
19       int answer;
20       switch (operator) {
21           case 0 : answer = a + b; break;
22           case 1 : answer = a - b; break;
23           case 2 : answer = a * b; break;
24           default : answer = a / b;
25       }
26       return answer;
27   }
28
29   int judge(int answer, int c)
30   {
31       int bool = (answer == c);
32       if (bool) {
33           printf(" 正解 ¥n");
34       } else {
35           printf(" 不正解 ¥n");
36           printf(" 正解は %d¥n", answer);
```

```
37        }
38        return bool;
39    }
40
41    int main(void)
42    {
43        int a;
44        int b;
45        int c;
46        int answer;
47        int operator;
48
49        srand((unsigned int)time(NULL));
50        operator = rand() % 4;
51        a = (rand() % 100) + 1;
52        b = (rand() % 100) + 1;
53
54        displayQuiz(a, b, operator);
55        scanf("%d", &c);
56        answer = getAnswer(a, b, operator);
57        judge(answer, c);
58
59        return 0;
60    }
61
62    実行結果
63    53 * 7 = 60
64    不正解
65    正解は371
66
67    36 + 48 = 84
68    正解
```

11.8　関数を使ったプログラムの作成（正解率の表示）

　暗算クイズを複数回行い，その正解率を表示してみましょう。ここでは1回分の暗算クイズを実行する関数としてgameを定義します。prog1107.cのmain関数をgame関数に書き換えたものです。仮引数はありません。2項の四則演算を出題し，正答の場合は非0を返却します。returnでjudge関数を呼び出しています。

```
int game(void)
{
    int a;
    int b;
    int c;
    int answer;
    int operator;

    operator = rand() % 4;
    a = (rand() % 100) + 1;
    b = (rand() % 100) + 1;
```

```
        displayQuiz(a, b, operator);
        scanf("%d", &c);

        answer = getAnswer(a, b, operator);

        return judge(answer, c);
}
```

　正解率を計算し表示する関数として，displayRate 関数を定義します。正解数を count で，問題数を n で受け取ります。%.1f は小数点以下を 1 桁表示する変換指定です。%% は，% を表示するための記述になります。count ／ n の計算は，整数型同士の割り算であり，n の値の方が count より大きいため，結果は 0 になります。これを防ぐために，count の前に (double) を付け，int 型を double 型に変換（キャスト）しています。

```
void displayRate(int count, int n)
{
        printf(" 正解率 %.1f%%¥n", (double)count / n * 100);
}
```

　game 関数と displayRate 関数を追加し完成したプログラムを prog1108.c に示します。一部，prog1107.c と重複する部分は，コメントでその旨を示しました。main 関数の中の変数 n は，暗算クイズを繰り返す回数です。ここでは，3 にしてあります。prog1107.c に加筆修正した行を，太字で示します。

▶ prog1108.c ◀

```
 1   /* prog1108.c */
 2
 3   #include <stdio.h>
 4   #include <stdlib.h>
 5   #include <time.h>
 6
 7   // void displayQuiz と同じため省略
 8   // int getAnswer と同じため省略
 9   // int judge と同じため省略
10
11   int game(void)
12   {
13       int a;
14       int b;
15       int c;
16       int answer;
17       int operator;
18
19       operator = rand() % 4;
20       a = (rand() % 100) + 1;
21       b = (rand() % 100) + 1;
```

```
22        displayQuiz(a, b, operator);
23        scanf("%d", &c);
24        answer = getAnswer(a, b, operator);
25
26        return judge(answer, c);
27   }
28
29   void displayRate(int count, int n)
30   {
31        printf("正解率 %.1f%%¥n", (double)count / n * 100);
32   }
33
34   int main(void)
35   {
36        int i;
37        int n = 3;
38        int count = 0;
39
40        srand((unsigned int)time(NULL));
41        for (i = 0; i < n; i++) {
42            if (game()) {
43                count++;
44            }
45        }
46        displayRate(count, n);
47
48        return 0;
49   }
50
51   実行結果
52   25 + 84 = 109
53   正解
54   83 / 9 = 9
55   正解
56   37 / 51 = 2
57   不正解
58   正解は 0
59   正解率 66.7%
```

11.9 関数を使ったプログラムの作成（勝率の表示と不定回の繰り返し）

　暗算クイズを複数回行い，終了する場合は自分の意思で終えられるようにmain関数を変更しました。自分の意思で終えられるようにするためには，一度暗算クイズを行ったあと，さらにもう一度行うか否かを判定するプログラムになります。これを実現するプログラムは，10.11節で説明したdo-while文を使います。while文と違うのは，doのブロックが必ず1回実行されることです。プログラムはprog1109.cです。太字の部分が，prog1108.cと異なる部分です。

▶ prog1109.c ◀

```
1    /* prog1109.c */
2
3    // void displayQuiz と同じため省略
```

```
 4      //  int getAnswer と同じため省略
 5      //  int judge と同じため省略
 6      //  int game と同じため省略
 7
 8      int main(void)
 9      {
10          int i;
11          int n = 0;
12          int count = 0;
13          int retry;
14
15          srand((unsigned int)time(NULL));
16          do {
17              if (game()) {
18                  count++;
19              }
20              n++;
21              printf("もう一度行う場合は1を入力してください。");
22              scanf("%d", &retry);
23          } while (retry == 1) ;
24          displayRate(count, n);
25
26          return 0;
27      }
28
29      実行結果
30      56 - 14 = 42
31      正解
32      もう一度行う場合は1を入力してください。1
33      23 * 39 = 700
34      不正解
35      正解は897
36      もう一度行う場合は1を入力してください。0
37      正解率 50.0%
```

　最初から関数に細分化してプログラムを組めるようになるまでには，熟練が必要です。最初は，main関数の中にプログラムを記述することから始まりますが，処理のまとまりが見えてくると，関数に分割してプログラムが組めるようになりますので頑張りましょう。慣れてくると先に関数を定義し，段々プログラムの全体が組めるようになります。ここで紹介した例は，一例です。例をさらに発展させ，興味深いクイズに発展させてみてください。みなさんの工夫に期待しています。

練習問題

1．prog1108.cを3項の演算になるように書き換え，prac1101.cを完成しなさい。

2．prog1110.cを1から1000の演算になるように書き換え，prac1102.cを完成しなさい。

1. 暗算クイズ

足し算の問題を乱数で表示し，暗算結果を入力したあと，正解か不正解を表示する。
- rand()%100+1 は 1 〜 100 の乱数を生成

```
int a, b, c, ans;
srand((unsigned int)time(NULL));
a = rand() % 100 + 1;
b = rand() % 100 + 1;
printf("%d + %d = ", a, b); //足し算を表示
scanf("%d", &c);   // 暗算結果の入力
ans = a + b;       // 正解の計算
if (c == ans) {
  printf(" 正解¥n");
} else {
  printf(" 不正解¥n");
  printf(" 正解は%d¥n", ans); // 正解も表示
}
```

2. 足し算以外も含めた問題の表示

四則演算の問題を乱数で決めて表示する。
- rand() % 4 は 0 〜 3 の乱数を生成
- 生成した乱数に対応付けて +, -, *, / を決定

```
int a, b, op;
a = rand() % 100 + 1;
b = rand() % 100 + 1;
op = rand() % 4;
if (op == 0)
  printf("%d + %d = ", a, b);
else if (op == 1)
  printf("%d - %d = ", a, b);
else if (op == 2)
  print("%d * %d = ", a, b);
else printf("%d / %d = ", a, b);
```

3. 問題を表示する関数（displayQuiz）

displayQuiz 関数は，足し算以外も表示する。
- switch-case 文を利用

```
void displayQuiz(int a, int b, int op) {
  switch (op) {
    case 0: printf("%d + %d = ", a, b);
            break;
    case 1: printf("%d - %d = ", a, b);
            break;
    case 2: printf("%d * %d = ", a, b);
            break;
    default: printf("%d / %d = ", a, b);
  }
}
```

4. 答えを計算する関数（getAnswer）

getAnswer 関数は四則演算の正解を返却する。

```
int getAnswer(int a, int b, int op) {
  switch (op) {
    case 0 : return a + b;
    case 1 : return a - b;
    case 2 : return a * b;
    default : return a / b;
  }
}
```

5. 判定を行う関数（judge）

judge 関数は判定を表示し真か偽を返却する。
- int bool = (ans == c); は比較結果を代入

```
int judge(int ans, int c) {
  int bool = (ans == c);
  if (bool) {
    printf(" 正解¥n");
  } else {
    printf(" 不正解¥n");
    printf(" 正解は%d¥n", ans);
  }
  return bool;
}
```

6. 暗算クイズを行う関数（game）

game 関数は，1 回分の暗算クイズを行う。
- displayQuiz, getAnswer, judge 関数の呼び出し

```
int game(void) {
  int a, b, c, op, ans;
  a = rand() % 100 + 1;
  b = rand() % 100 + 1;
  op = rand() % 4;
  displayQuiz(a, b, op);       // 問題表示
  scanf("%d", &c);             // 暗算の入力
  ans = getAnswer(a, b, op); // 正解の計算
  return judge(ans, c); // 結果の判定・表示
}
```

7. クイズ全体の動作を決める関数（main）

利用者の意志でクイズを繰り返す。
- do-while 文と game 関数の組み合わせ

```
int main(void) {
  int n = 0, count = 0, retry;
  srand((unsigned int)time(NULL));
  do {
    if (game()) count++; // 正解の回数
    n++;                 // クイズの回数
    printf(" 繰り返すなら1を入力してください");
    scanf("%d", &retry);
  } while (retry == 1);
  printf(" 正解率:%.1f¥n",
         (double)count / n * 100);
  return 0;
}
```

第12章　組込み型プログラミングの体験

　これまで学んできた C 言語を使って，「暗くなったら，自動的に電気を点ける」プログラムはどのようにすれば実現できるでしょうか。このプログラムを作るためには，「暗くなったことを知る」，そして「電気を点ける」ことが必要です。また最近の自動車は，自動ブレーキの機能が付いた車種が増えています。これを実現するには「前方の障害物との距離を計測する」ことが必要です。さらに障害物との距離が短くなれば警報を出し，ブレーキをかける必要があります。明るさを測ったり，距離を測ったりする物は，センサー（Sensor）と呼ばれます。センサーは直接 PC（Personal Computer）に接続できないため，シングルボードコンピュータ（Single Board Computer）を使って制御します。昔はマイクロコンピュータ（Micro Computer：マイコン）と呼ばれました。代表的なシングルボードコンピュータは，図 12.1 に示す Arduino（アルデュイーノ，アルディーノ）[1,2] や Raspberry Pi（ラズベリーパイ，ラズパイ）[3,4] があります。ラズパイ 4 は CPU の発熱量が多いので，図 12.1 (b) では，CPU にヒートシンクを付けた状態で撮影しました。

(a) Arduino Uno R3　　　　　　　(b) Raspberry Pi 4 Computer Model B

図 12.1　代表的なシングルボードコンピュータの例

　図 12.1 に示すシングルボードコンピュータには GPIO（General Purpose Input/Output）が付いており，これを使って各種センサーと接続できます。発光ダイオード（LED：Light Emitting Diode）の点灯やサーボモータ（Servomotor）の回転なども行えます。シングルボードコンピュータとセンサーの組み合わせによって，いろいろな物に組み

込むことができ，私たちの生活を便利にしています。この章ではラズパイを取り上げ，組込み型プログラミングを体験します。センサーを含め，みなさんのお小遣い程度で購入できますので，ぜひ，ためしてください。

12.1　ラズパイについて

ラズパイは，イギリスのラズベリーパイ財団によって開発されたシングルボードコンピュータです。有線 LAN，無線 LAN も標準装備です。本体以外に USB で接続できるマウスとキーボード，HDMI ケーブル（ラズパイ 4 では本体側は microHDMI），microSD（32GB），AC アダプターが必要です。ラズパイ 4 では CPU の発熱が多いので，ヒートシンク（COM1203 等）も必要です。

ラズパイは，microSD を使って Raspberry Pi OS（旧称 Raspbian：ラズビアン）をインストールして使います。ラズビアンには，テキストエディタ，C コンパイラのほか，web ブラウザ，Mathematica，Python，Scratch などが入っており，すぐに利用できます。図 12.2 の左側はラズビアンが起動した様子を，右側は Mathematica を利用している様子です。シングルボードコンピュータとは思えないできばえです。OS のインストール方法については，web や書籍などを参考にしながら行ってください[4]。

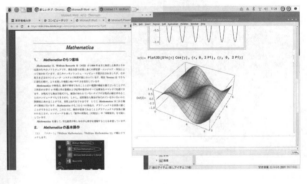

図 12.2　シングルボードコンピュータ

12.2　LED の点滅

最初に LED が点滅するプログラムをためしてみましょう。一般的に L（エル）チカと呼ばれています。これは LED がチカチカと点滅するからです。家庭用の電灯を点滅しようとすると，大掛かりなことになりますので，LED を使います。

使用する部品は図 12.3 に示す，ブレッドボード（EIC-3901），赤色の LED（OSR5JA5E34B），220 Ω（1/4 W）の抵抗，赤色と黒色の 15 cm 程度のジャンパー線（オス−メス）を各 1 個，用意します。

LED は極性があり，順方向には電流が流れますが，逆方向には流れません。LED に順方向の電流が流れると点灯します。極性の見分け方は，電極の長い方が陽極（Anode：アノード），短い方が陰極（Cathode：

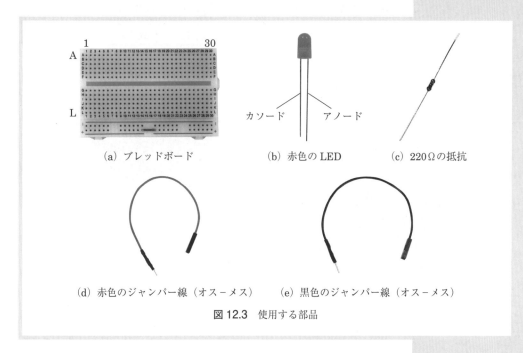

（a）ブレッドボード　　　　（b）赤色の LED　　　　（c）220 Ω の抵抗

（d）赤色のジャンパー線（オス−メス）　　　（e）黒色のジャンパー線（オス−メス）

図 12.3　使用する部品

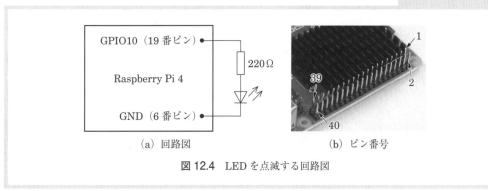

（a）回路図　　　　　　　　　　（b）ピン番号

図 12.4　LED を点滅する回路図

カソード）になります。

　ブレッドボードは，ソルダーレス・ブレッドボード（Solderless Breadboard）といいます。これによって，半田付けをしなくても電子回路の試作が行えます。ここで使用したブレッドボードの行方向には A から L の英字が，列方向には 1 から 30 までの数字が付いています。各穴を区別するために，行と列の順番で A1 のように指定します。なお A1 から F1 は電気的につながっています。同様に G1 から L1 も電気的につながっています。ブレッドボードの裏面を見るとそのことがよくわかります。回路図は，図 12.4 に示します。配線は，表 12.1 と図 12.5 のように行います。

表 12.1　赤色 LED の配線

GPIO 側	ブレッドボード側
GPIO10（19 番ピン）赤のジャンパー線 GND（6 番ピン）黒のジャンパー線	L21 赤色 LED のカソード L22 赤色 LED のアノード K22 と K29 の間 220 Ω の抵抗 G29 赤，G21 黒のジャンパー線

図 12.5　赤色 LED の配線の様子

　prog1201.c は，GPIO10（19 番ピン）に接続された赤色 LED を 1 秒間点灯し，1 秒間消灯を 10 回繰り返すプログラムです。長く実行したい場合は，繰り返しの数を増やしてください。途中で実行を止めたい場合は，Ctrl＋C キーを押します（Ctrl キーと C のキーを同時に押します）。なお，紙面の都合で 1 行に複数の文を記述している部分があります。

▶ prog1201.c ◀

```
1   /* prog1201.c */
2
3   #include <wiringPi.h>
4   #define LED 10
5
```

```
 6   int main(void)
 7   {
 8       int i;
 9
10       if (wiringPiSetupGpio() == -1) return -1;
11       pinMode(LED, OUTPUT);
12       for (i = 0; i < 10; i++) {
13           digitalWrite(LED, HIGH); delay(1000);
14           digitalWrite(LED, LOW); delay(1000);
15       }
16
17       return 0;
18   }
```

先頭行の #include <wiringPi.h> は，GPIO を利用するための
ヘッダです。

#define LED 10 は，10.13 節で取り上げたオブジェクト形式のマ
クロです。

wiringPiSetupGpio 関数は，GPIO が利用できることを確認する
関数です。利用できない場合は -1 が返却されるので，if 文で -1 を返
却しプログラムを終了します。

pinMode 関数は，1 番目の実引数で指定した GPIO を 2 番目の実引
数で指定した状態に設定します。この例では，GPIO10（19 番ピン）
を出力（OUTPUT）に設定しています。

for 文のブロックに着目すると，digitalWrite 関数は，1 番目の
実引数で指定した GPIO に，2 番目の実引数で指定した値を出力します。
この例では，GPIO10（19 番ピン）に HIGH（ラズパイでは 3.3 V の電
圧）を出力し，LED が点灯します。delay 関数は，実引数で指定した
時間（ms），実行を停止します。この例では 1000 を指定していますの
で 1 秒間停止し，LED が 1 秒間点灯します。次の digitalWrite 関
数は，GPIO10（19 番ピン）に LOW（0 V の電圧）を出力します。し
たがって，LED は消灯します。再び，delay 関数で 1 秒間停止するこ
とになり，LED が 1 秒間消灯します。

C 言語では printf 関数で文字列をディスプレイに出力できました
が，ラズパイではピンに電圧の HIGH を出力することで，LED が点灯
します。これで「電気を点けること」が実現できました。このようにプ
ログラムの実行結果を LED の点滅で示せること，さらに点滅の間隔を
ソフトウェアで制御できることは，大変興味深いことです。

ラズビアンでは，ソースプログラムの入力は TextEditor で行います。
これは，サクラエディタに代わるもので，LED の点滅のプログラムを
prog1201.c の名前で保存します。

コンパイルは LXTerminal を起動して行います。これは，Windows
10 のコマンド プロンプトに相当するものです。コンパイルは gcc では

なく cc コマンドを使います。cc prog1201.c -lwiringPi と入力し，
Enter キーを押します。

　実行はこれまでのように a を入力し Enter キーを押すのではなく，
./a.out と入力し Enter キーを押します。先頭に ./（ドットとスラッ
シュ）を付けるのを忘れないでください。この辺りの操作は，11 章ま
でと異なりますので注意してください。これらの様子は図 12.6 に示し
ます。また LED の点滅の様子は図 12.7 に示します。

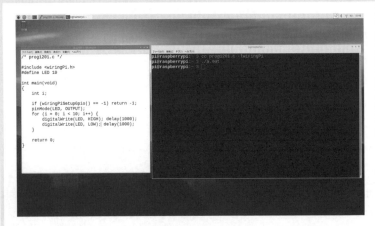

図 12.6　ソースプログラムの入力，コンパイル，実行の様子

最初に赤色の LED が点灯

次に消灯

図 12.7　LED の点滅の様子

12.3　明るさのセンシング

　「暗くなったことを知る」ためには，光の変化を検出するセンサーが必
要になります。ここでは硫化カドミウム（CdS）セルを使います。CdS
セルは，光が当たると電気抵抗が低くなる性質があります。ここで使用

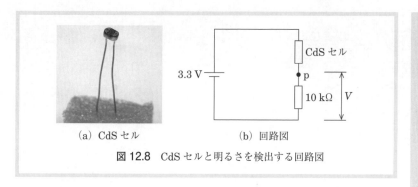

(a) CdS セル   (b) 回路図

図 12.8　CdS セルと明るさを検出する回路図

表 12.2　CdS セルの配線

GPIO 側	ブレッドボード側
3.3 V（1 番ピン）赤のジャンパー線 GPIO17（11 番ピン）黄のジャンパー線 GND（14 番ピン）黒のジャンパー線	J1 と J8 の間 10 kΩ の抵抗 L8 と L10 の間 CdS セル G8 黄，G10 赤，G1 黒のジャンパー線

図 12.9　CdS セル配線の様子とプログラムの実行結果

した CdS セルは，光の変化によって数百 Ω から数十 kΩ まで変化します。明るさを検出する回路図と配線は，図 12.8 と表 12.2 に示す簡単なものです。この回路は，CdS セルと 10 kΩ の抵抗で p 点の電圧を変化させるものです。明るくなると CdS セルの抵抗値が下がり p 点の電圧は高くなります。暗くなると CdS セルの抵抗値が上がり p 点の電圧は下がります。3.3 V の半分の電圧が閾値となり，HIGH と LOW を GPIO で検出できます。

　prog1202.c は，GPIO17（11 番ピン）から得られた電圧の変化を，ディスプレイに表示するプログラムです。pinMode 関数は，1 番目の実引数で指定した GPIO を 2 番目の実引数で指定した状態に設定します。この例では，GPIO17 を入力（INPUT）に設定しています。digital Read 関数は，実引数で指定したピンの状態を入力し，その結果は HIGH または LOW になります。

▶ prog1202.c ◀

```
1   /* prog1202.c */
2
3   #include <stdio.h>
4   #include <wiringPi.h>
5
6   #define CDS 17
7
8   int main(void)
9   {
10      int i;
11
12      if (wiringPiSetupGpio() == -1) return -1;
13      pinMode(CDS, INPUT);
14      for (i = 0; i < 10; i++) {
15          printf("%d¥n", digitalRead(CDS)); delay(500);
16      }
17
18      return 0;
19  }
```

12.4　暗くなったらスイッチを入れる

　　以上で「電気を点ける」,「暗くなったことを知る」ことの両方を手に
入れました。あとは,暗くなったらスイッチを入れればよいことになり
ます。prog1203.c は,「暗くなったら LED を点灯する」を実現したプロ
グラムです。digitalRead 関数の結果は,一旦,int 型の変数 value
に代入します。if 文は value の値が LOW の場合に LED を点灯し,
そうでない場合に LED を消灯します。なお,ブレッドボードの配線は,
表 12.1 と表 12.2 の両方を行います。反応する明るさの調整は,図 12.8
の回路図で示した 10 kΩ の抵抗値を変えると行えます。

▶ prog1203.c ◀

```
1   /* prog1203.c */
2
3   #include <stdio.h>
4   #include <wiringPi.h>
5
6   #define LED 10
7   #define CDS 17
8
9   int main(void)
10  {
11      int i;
12      int value;
13
14      if (wiringPiSetupGpio() == -1) return -1;
15      pinMode(CDS, INPUT);
16      for (i = 0; i < 10; i++) {
17          value = digitalRead(CDS);
18          printf("%d¥n", value);
```

```
19          if (value == LOW)
20              digitalWrite(LED, HIGH);
21          else
22              digitalWrite(LED, LOW);
23          delay(500);
24      }
25
26      return 0;
27  }
```

　明るいと LED は消灯し，CdS セルをペンのキャップ等で覆い暗くすると LED が点灯します。この様子を図 12.10 に示します。

明るいと消灯

CdS セルをペンのキャップで覆うと点灯

図 12.10　暗くなると LED が点灯

12.5　サーボモータの回転

　サーボモータ（Servomotor）は，連続して何回も回転するモータとは異なり，パルスの幅（デューティ比）を変化させて回転角度を制御できるモータです。ここではホビー用のサーボモータ（SG90）を使ったプ

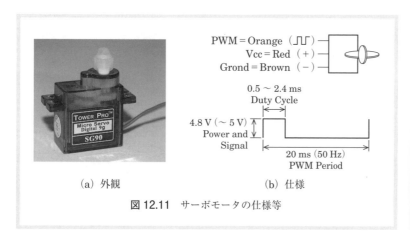
（a）外観　　　　　　　　　　（b）仕様
図 12.11　サーボモータの仕様等

ログラムを紹介します。SG90 は，重さわずか 9 g です。これは消費電力が少なく，ラズパイの GPIO に直接接続して回転できます。図 12.11 にサーボモータの仕様等を示します。デューティサイクル（Duty Cycle）が 0.5 ms のときが回転角の − 90 度に，2.4 ms のときが 90 度に相当します。

　配線は，茶色が GND（6 番ピン）に，赤色が 5 V（2 番ピン）に，橙色は GPIO18（12 番ピン）に接続しました。図 12.12 に配線の様子を示します。

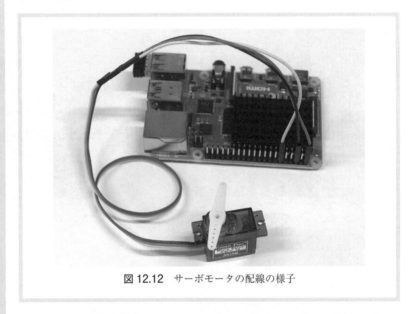

図 12.12　サーボモータの配線の様子

prog1204.c は，サーボモータを回転させるプログラムです。

▶ prog1204.c ◀

```
 1  /* prog1204.c */
 2
 3  #include <wiringPi.h>
 4  #define SERVO 18
 5
 6  int main(void)
 7  {
 8      int i;
 9
10      if (wiringPiSetupGpio() == -1) return -1;
11      pinMode(SERVO, PWM_OUTPUT);
12      pwmSetMode(PWM_MODE_MS);
13      pwmSetClock(400); pwmSetRange(1024);
14      for (i = 24; i <= 115; i++) {
15          pwmWrite(SERVO, i); delay(50);
16      }
17      for (i = 24; i <= 115; i++) {
18          pwmWrite(SERVO, 115 - (i - 24)); delay(50);
19      }
20
21      return 0;
22  }
```

pinMode 関数は，1番目の実引数で指定した GPIO を2番目の実引数で指定した状態に設定します。この例では，GPIO18（12番ピン）をパルス幅変調の出力（PWM_OUTPUT）に設定しています。

　pwmSetMode 関数は，PWM のモードを設定します。PWM では，図12.11 (b) に示した Duty Cycle のパルス幅を制御します。モードは，バランスモードとマークスペースモードの2種類があり，それぞれ PWM_MODE_BAL と PWM_MODE_MS で設定します。サーボモータは，マークスペースモードを使いますので，PWM_MODE_MS を設定します。

　pwmSetClock 関数は，クロックを400に設定しています。Raspberry Pi 4 Computer Model B では，1/4程度に回転角度が小さくなる現象を確認しています。pwmSetClock 関数の実引数の400は，1200にするとよさそうです。回転の様子を見ながら，微調整してください。

　pwmSetRange 関数は，レンジを 1024 に設定しています。この2つの設定で，サーボモータの回転角が−90度は24に，90度は115の数字に対応します。これらの間の数字を pwmWrite 関数で指定すると，任意の角度に回転できます。

　1つ目の for 文は，pwmWrite 関数を繰り返しています。for 文によって，制御変数 i の値が24〜115まで1ずつ増えます。この結果，サーボモータは−90度から90度まで徐々に回転します。なお，プログラムの繰り返し処理は非常に高速なため，delay 関数で 50 ms の遅延を入れています。

　2つ目の for 文は，サーボモータを逆回転させる部分です。繰り返しの仕組みは正方向の回転と同じですが，pwmWrite 関数の2番目の実引数を 115 - (i - 24) と記載することにより，i の値が大きくなる中で，実引数の値が小さくなるように工夫しています。

　for 文の動作が，サーボモータの回転で表現できるため，繰り返しの概念が理解しやすくなることでしょう。

　prog1204.c をコンパイルし実行するときは，sudo ./a.out と入力し Enter キーを押します。このプログラムの実行にはルート権限が必要なため，sudo を付ける必要があります。

12.6　距離の測定

　距離の測定は，超音波距離センサモジュール（HC-SR04）を使います。HC-SR04 は，2 cm から 400 cm までの距離を測定することができます。センサーは左から Vcc，Trig，Echo，GND の4つのピンがあります。ここでは，Trig は GPIO14（8番ピン），Echo は GPIO15（10

番ピン）を使います。Trig端子を $10\,\mu$s の間HIGHにすると（トリガを与えると），超音波が距離センサモジュールから出力されます。測定対象の物体から反射波が戻ってくるとEcho端子がHIGHになり，pulseIn関数でHIGHになっている時間（$2t$）を計測できます。この時間の半分が，測定対象までの所要時間（t）となり，音速と t の積で距離が求まります。この様子を図12.13に示します。配線は表12.3にセンサーの様子は図12.14に示します。

図12.13 距離測定の仕組み

表12.3 超音波距離センサーの配線

GPIO側	ブレッドボード側
5 V（2番ピン）赤のジャンパー線 GPIO14（8番ピン）白のジャンパー線 GPIO15（10番ピン）黄のジャンパー線 GND（6番ピン）黒のジャンパー線	K8はVcc, K9はTrig, K10はEcho K11はGND G8赤, G9白, G10黄, G11黒のジャンパー線

図12.14 超音波距離センサーと配線の様子

prog1205.cは，超音波距離センサーで距離を測定するプログラムです。

▶ prog1205.c ◀

```
1   /* prog1205.c */
2
3   #include <stdio.h>
4   #include <sys/time.h>
5   #include <wiringPi.h>
```

```
 6
 7    #define   TRIG 14
 8    #define   ECHO 15
 9
10    long pulseIn(int p, int lev)
11    {
12        long t = 0; struct timeval ts, te;
13
14        gettimeofday(&ts, NULL);
15        while (digitalRead(p) != lev) {
16            gettimeofday(&te, NULL); t = te.tv_usec - ts.tv_usec;
17            if (t > 30000) return -1;
18        }
19        gettimeofday(&ts, NULL);
20        while (digitalRead(p) == lev) {
21            gettimeofday(&te, NULL); t = te.tv_usec - ts.tv_usec;
22            if (t > 30000) return -1;
23        }
24
25        return t;
26    }
27
28    int main(void) {
29        double temp = 23.2; double v = 331.5 + temp * 0.61;
30        long t = 0; double d = 0;
31        if (wiringPiSetupGpio() == -1) return -1;
32        pinMode(TRIG,OUTPUT); pinMode(ECHO,INPUT);
33        digitalWrite(TRIG, LOW); delayMicroseconds(2);
34        digitalWrite(TRIG, HIGH); delayMicroseconds(10);
35        digitalWrite(TRIG, LOW);
36        t = pulseIn(ECHO, HIGH);
37        if (t < 0) return -1;
38        d = v * t / 20000.0;
39        printf("%.1f cm¥n", d);
40
41        return 0;
42    }
```

#include <sys/time.h> はシステムの時計を μs で取得するためのヘッダです。

pulseIn 関数は，1番目の仮引数で GPIO の番号を，2番目の仮引数で HIGH を受け取り，Echo ピンが HIGH になっている時間を μs で計測します。往復の所要時間は long 型の変数 t に入れます。long 型は8バイトのサイズになり，扱える整数の範囲は -9223372036854775808 〜9223372036854775807 です。ちなみに int 型は，4バイトのサイズになり，扱える整数の範囲は -2147483648 〜 2147483647 です。

struct timeval ts, te; は timeval 構造体を2つ生成し，変数 ts と te から参照します。これらの構造体は，long 型のメンバー（フィールド）tv_sec と tv_usec からできています。メンバー tv_sec は，時間の1秒以上の部分（秒単位）を，メンバー tv_usec は時間の1秒未満の部分（μs 単位）を入れます。ここでは，tv_usec は使いません。構造体のメンバーは，異なる型であってもよく，この点が配列と異なります。配列の場合は，その要素はすべて同じ型になります。timeval

構造体は，たまたまメンバーが long 型で，同じになっています。

gettimeofday 関数は，システムの時刻を 1 番目の実引数 ts に取得します。

while (digitalRead(p) != lev) は，digitalRead 関数で Echo ピンの状態を入力し，LOW になっている間ブロックを繰り返します。ブロックの中の gettimeofday 関数は，システムの時刻を 1 番目の実引数 te に取得し，t = te.tv_usec - ts.tv_usec; で往復の所要時間を計算します。構造体のメンバーを指定するときは，変数名の直後にピリオドを付け，メンバー名を書きます。さらに if (t > 30000) return -1; は 30 ms 以内に応答がなかった場合に，-1 を返却します。これは，計測に失敗したことを意味します。

次の while (digitalRead(p) == lev) は，digitalRead 関数で Echo ピンの状態を入力し，HIGH になっている間ブロックを繰り返します。ブロックの内容は先の while 文と同じです。

return t; は，往復の所要時間を返却します。

ここからは main 関数の説明です。音速は，気温によって変化します。

気温は，double 型の変数 temp です。室温は 23.2 を初期値としています。プログラムを実行するときは，室温を測定しこの数値を変更してください。

音速は，double 型の変数 v で，気温から音速を求めます。

int 型の変数 t は，往復の所要時間を入れます。

double 型の変数 d は，計測した距離を入れます。

digitalWrite 関数と delayMicroseconds 関数で 10 μs の間トリガーポートを HIGH にしています。

t = pulseIn(ECHO, HIGH); で往復の時間を計測します。

d = v * t / 20000.0; で距離を求めます。

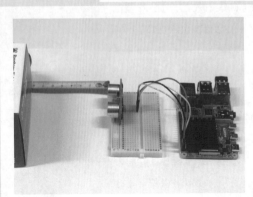

図 12.15　距離の測定

測定結果は cm で表示するために 20000.0 で割っています。$1\,\mu$s は 10^{-6} 秒，1 m は 100 cm，測定結果の半分（1/2）が物体までの所要時間になり，これらを掛け算すると 1/20000 になります。最後に printf 関数で測定結果を表示します。

図 12.15 は，約 8 cm の距離に障害物を置いた状態で，プログラムを実行した結果です。多少のバラツキはありますが，8 cm 前後の値が表示されています。

12.7 RGBLED アレイの点滅

RGBLED アレイ（OSX10201-LRPB2）は，赤色，緑色，青色の 3 色が 1 つのセグメントの中に収納されており，10 個のセグメントが 1 列に並ぶ構造です。図 12.18 に示すように，個々のセグメントを点灯できます。このとき，色を変えることができます。さらに，複数のセグメントを同時に点灯することもできます。RGBLED アレイの様子を図 12.16 に示します。左下のピンが 1 番になり，右端が 10 番になります。図 12.16 では隠れていますが，反対側にもう 1 列ピンが並んでおり，右上のピンが 11 番に，左上が 20 番になります。

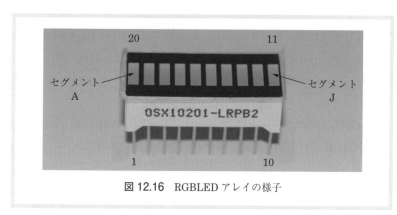

図 12.16 RGBLED アレイの様子

RGBLED アレイの回路図を図 12.17 に示します。1 番が赤色，2 番が青色，3 番が緑色のカソードになり，10 番，9 番，8 番も同様です。10 個のセグメントは発光色ごとにカソードコモン（カソードが共通）になっています。各セグメントは図 12.16 の左端がセグメント A，右端がセグメント J に対応しています。したがってセグメント A のアノードは 20 番の端子に，セグメント J のアノードは 11 番の端子になります。RGBLED アレイの接続は，表 12.4 に示します。

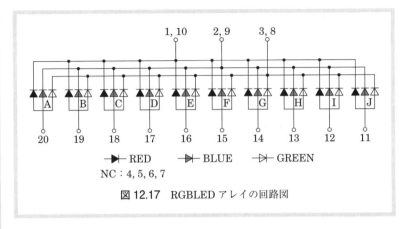

図 12.17 RGBLED アレイの回路図

表 12.4 RGBLED アレイの配線

GPIO 側	ブレッドボード側
GPIO2（3番ピン）は黄，GPIO3（5番ピン）は青，GPIO4（7番ピン）は赤のジャンパー線 GPIO16（36番ピン）は黒1，GPIO12（32番ピン）は黒2，GPIO7（26番ピン）は黒3，GPIO8（24番ピン）は黒4，GPIO25（22番ピン）は黒5，GPIO24（18番ピン）は黒6，GPIO23（16番ピン）は黒7，GPIO18（12番ピン）は黒8，GPIO15（10番ピン）は黒9，GPIO14（8番ピン）は黒10のジャンパー線	G11 から G20 は RGBLED アレイの1番ピンから10番ピン F11 から F20 は RGBLED アレイの20番ピンから11番ピン G4 は赤，G5 は青，G6 は黄のジャンパー線 I4 と I11 の間，J5 と J12 の間，K6 とK13 の間は 220 Ω の抵抗 A11 は黒1，A12 は黒2，以下同様にA20 は黒10のジャンパー線

　使用したRGBLEDアレイは，負論理になっています。負論理（Active Low）は電圧の高い状態（HIGH）で0を，電圧の低い状態（LOW）で1を表現します。逆の場合は，正論理（Active High）になります。

　prog1206.cはセグメントAからJまでを順番に点灯させ，各セグメントは赤，緑，青の順に点灯するプログラムです。

▶ prog1206.c ◀

```
1   /* prog1206.c */
2
3   #include <wiringPi.h>
4
5   #define TIME 1000
6
7   void on_off(int led, int color, int time)
8   {
9       digitalWrite(led, HIGH); digitalWrite(color, LOW);
10      delay(time);
11      digitalWrite(led, LOW); digitalWrite(color, HIGH);
12      delay(time);
13  }
14
15  int main(void)
16  {
```

```
17          int i, j;
18          int led[ ] = {16, 12, 7, 8, 25, 24, 23, 18, 15, 14};
19          int rgb[ ] = {4, 2, 3};
20
21          if (wiringPiSetupGpio() == -1) return -1;
22          for (i = 0; i < 10; i++)
23              pinMode(led[i], OUTPUT);
24          for (i = 0; i < 3; i++)
25              pinMode(rgb[i], OUTPUT);
26          for (i = 0; i < 10; i++)
27              for (j = 0; j < 3; j++)
28                  on_off(led[i], rgb[j], TIME);
29
30          return 0;
31      }
```

　配列 led の各要素は，セグメント A からセグメント J に対応してお
り，GPIO の 16，12，7，8，25，24，23，18，15，14 に対応付けて
います。配列 rgb の各要素は，赤色，緑色，青色に対応しており，
GPIO の 4，2，3 に対応付けています。

　最初の for 文と 2 つ目の for 文で，各ピンを出力に設定します。

　3 つ目の for 文は，on_off 関数を使って，セグメント A から J ま
でを順に点灯します。さらに内側の for 文で，赤色，緑色，青色の順
に点灯します。点灯の仕方を工夫すると，障害物との距離が短くなった
ときの警報等に応用できます。

図 12.18　RGBLED アレイの各セグメントの点滅の様子

　以上で組込み型プログラミングの体験の章は終わりです。この章では
ラズパイを取り上げました。いろいろなセンサーを組み合わせて便利な
物を創造してみてください。

練習問題

1. prog1201.c は，GPIO10（19番ピン）に接続された赤色 LED を 1 秒間点灯，1 秒間消灯を 10 回繰り返すプログラムである。さらに黄色の LED を表 12.5 に示すように追加し，赤色の LED が 100 ms 点灯したあとに 100 ms 消灯，続いて黄色の LED が 100 ms 点灯したあとに 100 ms 消灯を，10 回繰り返すプログラムを作成しなさい。

表 12.5　配線

GPIO 側	ブレッドボード側
GPIO9（21番ピン）黄のジャンパー線 GND（14番ピン）黒のジャンパー線	L11 黄色の LED のカソード L12 黄色の LED のアノード K12 と K19 の間 220 Ω の抵抗 G19 黄，G11 黒のジャンパー線

2. prog1203.c は，「暗くなったら LED を点灯する」を実現したプログラムである。逆に，明るくなったら LED を点灯するプログラムを作成しなさい。

3. prog1204.c は，サーボモータを回転させるプログラムである。1 秒ごとに 10 度ずつ回転するプログラムを作成しなさい。

4. prog1205.c は，超音波距離センサーで距離を測定するプログラムである。距離が 10 cm 以下になったときに「距離が 10 cm です」と表示するプログラムを作成しなさい。

5. prog1206.c はセグメント A から J までを順番に点灯させ，各セグメントは赤，緑，青の順に点灯するプログラムである。セグメント J から A まで逆順に表示するプログラムを作成しなさい。

参考文献

[1] Arduino 公式サイト https://www.arduino.cc/，2020 年 8 月 31 日閲覧
[2] Arduino をはじめよう 第 3 版，船田　巧，オライリー・ジャパン，2015
[3] Raspberry Pi 公式サイト
　　https://www.raspberrypi.org/，2020 年 8 月 31 日閲覧
[4] たのしくできる Raspberry Pi とブレッドボードで電子工作，加藤　芳夫 著，東京電機大学出版局，2016

●●● 12章のまとめ ●●●

1. LED の点滅

- GPIO が使えない場合 wiringPiSetupGpio は -1 になる
- pinMode(LED,OUTPUT) で 10 番ポートを出力に設定
- コンパイル方法 cc prog1201.c -lwiringPi
- 実行方法 ./a.out

```c
#include <wiringPi.h>
#define LED 10
int main(void) {
  int i;
  if (wiringPiSetupGpio() == -1) return -1;
  pinMode(LED, OUTPUT);
  for (i = 0; i < 10; i++) {
    digitalWrite(LED, HIGH); delay(1000);
    digitalWrite(LED, LOW); delay(1000);
  }
  return 0;
}
```

2. ポートの状態を入力

- pinMode(CDS, INPUT) で 17 番ポートを入力に設定
- digitalRead(CDS) で 17 番ポートの状態を入力

```c
#include <stdio.h>
#include <wiringPi.h>
#define CDS 17
int main(void) {
  int i;
  if (wiringPiSetupGpio() == -1) return -1;
  pinMode(CDS, INPUT);
  for (i = 0; i < 10; i++) {
    printf("%d¥n", digitalRead(CDS));
    delay(500);
  }
  return 0;
}
```

3. 暗くなったら LED を点灯

- digitalRead(CDS) でポートの状態を value に代入
- if 文で value が LOW になったら LED を点灯

```c
for (i = 0; i < 10; i++) {
  value = digitalRead(CDS);
  printf("%d¥n", value);
  if (value == LOW)
    digitalWrite(LED, HIGH);
  else
    digitalWrite(LED, LOW);
  delay(500);
}
```

4. サーボモータの回転

- pinMode でポートを PWM に設定
- pwmSetMode(PWM_MODE_MS) でマークスペースモードに設定
- pwmSetClock(400) でクロックを 400 に設定
- pwmSetRange(1024) でレンジを 1024 に設定
- pwmWrite で −90 度は 24 に，90 度は 115 に対応
- delay(50) で 50 ms の遅延
- 実行はルート権限で sudo ./a.out

```c
pinMode(SERVO, PWM_OUTPUT);
pwmSetMode(PWM_MODE_MS);
pwmSetClock(400); pwmSetRange(1024);
for (i = 24; i <= 115; i++) {
  pwmWrite(SERVO, i); delay(50);
}
for (i = 24; i <= 115; i++) {
  pwmWrite(SERVO, 115 - (i - 24));
  delay(50);
}
```

5. 超音波距離センサー

- 時刻を μs で得るのに sys/time.h をインクルード
- gettimeofday 関数は時刻を μs で引数に取得
- te.tv_usec - ts.tv_usec は時刻の差を μs で計算
- digitalRead(p) != lev は Echo ピンが LOW を検出
- digitalRead(p) == lev は Echo ピンが HIGH を検出
- pulseIn 関数は Echo ピンが HIGH の時間を計測
- delayMicroseconds 関数は μs で遅延

```c
t = pulseIn(ECHO, HIGH);
if (t < 0) return -1;
d = v * t / 20000.0;
printf("%.1f cm¥n", d);
```

6. RGBLED アレイの点滅

- led でセグメント A〜J のポートを添字で指定
- rgb で，赤，緑，青色のポートを添字で指定

```c
int led[]={16,12,7,8,25,24,23,18,15,14};
int rgb[ ] = {4,2,3};
for (i = 0; i < 10; i++)
  pinMode(led[i], OUTPUT);
for (i = 0; i < 3; i++)
  pinMode(rgb[i], OUTPUT);
for (i = 0; i < 10; i++)
  for (j = 0; j < 3; j++)
    on_off(led[i], rgb[j], TIME);
```

12章のまとめ

索 引

【著者紹介】

土肥紳一（どひ・しんいち）　博士（工学）　　執筆担当：1, 2, 5 ～ 12 章
　　学　歴　　東京電機大学大学院工学研究科電気工学専攻修士課程　修了
　　職　歴　　東京電機大学工学部第一部電子計算機センター　技手
　　　　　　　同大学同学部同センター　講師
　　　　　　　同大学情報環境学部情報環境学科　准教授
　　　　　　　同大学同学部同学科　教授
　　現　在　　東京電機大学システムデザイン工学部デザイン工学科　教授

大山　実（おおやま・みのる）　博士（工学）　　執筆担当：3, 4 章
　　学　歴　　東京電機大学大学院工学研究科電気工学専攻修士課程　修了
　　職　歴　　日本電信電話公社（現 NTT）電気通信研究所
　　　　　　　東京電機大学情報環境学部情報環境学科　教授
　　現　在　　東京電機大学　名誉教授

紫合　治（しごう・おさむ）　博士（工学）　　執筆担当：各章のまとめ
　　学　歴　　東京電機大学工学部電子工学科　卒業
　　職　歴　　日本電気（株）ソフトウェア生産技術研究所
　　　　　　　東京電機大学情報環境学部情報環境学科　教授
　　現　在　　東京電機大学　名誉教授

ためしながら学ぶC言語

2020 年 10 月 5 日　第 1 版 1 刷発行　　　　　　　　　ISBN 978-4-501-55740-9 C3004

著　者　土肥紳一・大山　実・紫合　治
　　　　©Dohi Shinichi, Ohyama Minoru, Shigo Osamu 2020

発行所　学校法人 東京電機大学　　　　〒 120-8551　東京都足立区千住旭町 5 番
　　　　東京電機大学出版局　　　　　　Tel. 03-5284-5386（営業）03-5284-5385（編集）
　　　　　　　　　　　　　　　　　　　Fax. 03-5284-5387　　振替口座 00160-5-71715
　　　　　　　　　　　　　　　　　　　https://www.tdupress.jp/

組版：(有)新生社　　印刷：(株)ルナテック　　製本：渡辺製本(株)　　装丁：齋藤由美子
落丁・乱丁本はお取り替えいたします。　　　　　　　　　　　　　　　Printed in Japan